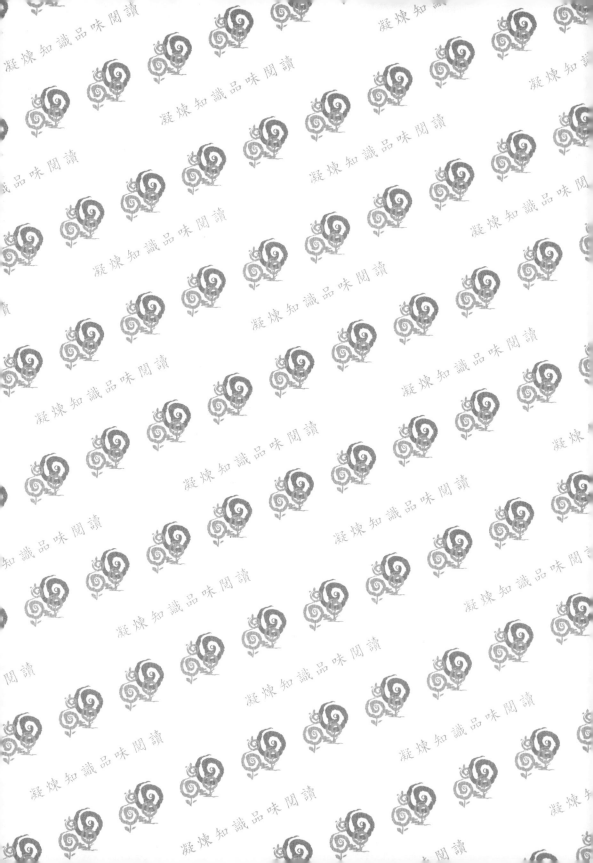

圖解

五南圖書出版公司 印行

貝氏統計分析

陳耀茂 / 編著

閱讀文字

理解內容

觀看圖表

圖解讓
貝氏統計分析
更簡單

圖解系列

序言

近年來，由於計算機性能的提高、社會科學研究中的可重複性問題以及駭客攻擊，使用貝氏（Bayes）方法進行分析引起了人們的關注。其中，想必是有一定數量的人想要（或者不得不）利用貝氏方法進行分析。R、JAGS、Stan 是典型的可以進行貝氏分析的統計軟體。這幾款統計軟體都是GUI 的統計軟體，可以用在多樣的貝氏方法中進行分析，但是都需要編寫程式碼（code）進行分析，對於初學者來說是一個很高的學習成本。SPSS 則是初學者也可以輕鬆進行貝氏分析的統計軟體之一。

若使用 SPSS 軟體，只需要使用滑鼠即可執行基本的貝氏分析，而無需編寫程式碼。但在利用自由多樣的貝氏分析方面，SPSS 不如 R、JAGS、Stan，但在於利用基本貝氏分析方面，SPSS 卻更勝一籌。但是，關於貝氏方法分析的書籍和網路文章大多是有關 R、JAGS 和 Stan，只有少數涉及SPSS。因此，本書針對想要（或不得不）首次使用貝氏方法進行分析的大學生、研究生、研究人員和在職人士進行整理說明。針對新手，本書將數學公式保持在最低限度，以便使分析和相關概念可以用通俗易懂的語言理解。此外，本書提供了如何整理所獲得的結果。所以對於研究和工作，本書不僅可以幫助你在 SPSS 中進行基本的貝氏分析，還可以彙總所得到的結果。

第 1 章到第 4 章解釋了貝氏分析的基本概念。第 1 章概述了數據類型和基本統計數據，並解釋如何在 SPSS 中獲取它們；第 2 章就推論統計基礎的機率進行加以說明，因為它涉及與貝氏分析有關的事前分配和事後分配；第 3 章討論的統計估計和統計檢定是推論統計的主要方法。第 4 章解釋了貝氏定理，它是貝氏分析的基礎，並針對利用貝氏分析的統計估計和統計檢定加以說明。對於已經學習過統計和貝氏分析基本概念的人，可以跳過這些章節。

從第 5 章到第 14 章描述了能在 SPSS 中執行的貝氏分析。在第 5 章到第 7 章中，是針對單一樣本的母體比率、母體缺陷數和母體平均的檢定加以說明，以檢定從數據中推論出來的參數（或稱母數）與已經明確或我們要比

較的參數是否不同；第 8 章和第 9 章討論了雙樣本母平均的檢定，這些檢定是檢討從兩個組或條件中推論出的母平均之間是否有差異；第 10 章和第 11 章討論變異數分析，它是檢定從 3 組或更多組或條件中獲得的母平均之間是否有差異；第 12 章和第 13 章討論了相關分析和迴歸分析，它們檢討兩個或多個量性數據之間的關係；在第 14 章中，將了解如何檢定兩組質性數據關聯的對數線性模型。這些章節將按順序解釋分析的主要概念、如何在 SPSS 中進行分析，以及如何整理所獲得的結果。說明中使用的數據集是公開的，所以最好能親自動手分析一下。

　　本書是以簡明易懂為目標，捨棄公式的說明，重點放在如何使用 SPSS 進行貝氏分析以及如何解釋得出的報告，對初學者更可在最短時間內了解貝氏分析。

　　最後，希望本書能盡可能幫助更多的人在研究和工作中使用貝氏方法。

東海大學企管系所 陳耀茂

序章
貝氏統計簡介

本章内容

0.1 頻率統計與貝氏統計

　　爲了思考貝氏統計的解釋，首先要了解「頻率（Frequency）理論」的概念。頻率理論是一種理論，它具有從母體中獲得數據頻率（機率）的基本概念。也許我們學到的大多數統計方法都是基於這種頻率理論。

　　例如，在頻率理論中的假設檢定，「建立有關參數（parameter）的虛無假設，判斷所得到的數據是否很少發生」，但事實證明，這意味著母體在虛無假設是固定時，考量所得到的數據其發生的機率，判斷是否妥當合理。這裡重要的是固定參數、數據變動。如果將此換成數學的方式來表達時，即變成參數不變，數據是可變的（隨機變數），這樣的統計稱爲頻率理論。但「貝氏理論」的觀點與上述頻率理論的觀點完全相反。也就是說，參數是變數（隨機變數），數據是常數。亦即，固定數據後再變動參數。換句話說，要考慮所得到的數據是基於從哪種參數的母體中獲得的。

　　譬如，就男性的身高來說。今男性身高的母體分配是服從平均 μ（未知參數）、變異數 10^2 的常態分配，從中調查 30 人假定得出樣本平均 177cm。此時在頻率論中，是針對母平均爲 μ（未知，但實際存在之值＝常數）的母體來說，所得到的數據 177cm 是以多少的機率得到的，並且從所得到的數據去推測、檢定母平均等等的一種想法。

　　相對的，貝氏理論是考量 177cm 的數據是從哪種的母體獲得的機率較高的一種想法。譬如，從母平均爲 177cm 的母體獲得數據 177cm 的機率高，但從母平均爲 165cm 的母體獲得數據 177cm 的機率低。像這樣，將母平均改變，亦即將參數當作變數來想，即爲貝氏理論的想法。貝氏統計中，參數 μ 由於它是隨機變數，因此具有分配。以上述的例子來想，參數 μ 爲 177cm 時，得出樣本平均 177cm 此種數據的機率是最高的，因之假定服從母平均 177cm、變異數 σ^2 的常態分配時，即可表記成 $\mu \sim N(177, \sigma^2)$。這在頻率論中是很不習慣的寫法。

　　那麼，這兩種理論中的哪一種較好呢？當然，因爲在上述任何一個方面都沒有足夠的解釋，所以不可能寫出所有的優點，但總體來說可以說出下面的事情。

　　頻率理論在現實世界中，母體的參數是眞正確定的，並且根據數據的來源而變化。換句話說，符合現實世界的思維方式。

　　貝氏理論學雖然它在現實世界中並不是一個正確的想法，但畢竟母體的參數是未知的，眼前只有數據在手中。如果是這樣，那就只有透過現在的資訊來思考母體，如此也是合理的思維方式。

　　無論哪種方式都有優點，不可能無條件地說哪種方式較好。重要的是要了

解這兩種理論並擴展推理方法的範圍。

　　原先，統計學主要分為兩部分。一是由羅納德‧費雪（Ronald Fisher）所開發的頻率統計學，另一個是湯馬斯‧貝葉斯（Thomas Bayes）所建立的貝氏統計學。貝葉斯統計簡稱貝氏統計（Bayesian statistics），是 20 世紀中葉發展起來的一個理論，是一個相對較新的領域。

　　然而，貝氏定理是貝氏統計思想的基礎，存在於 1700 年代中期。在那之後，有一段時間，我們並沒有看到它的發展，因為「處理主觀機率是不科學的」，但近年來貝氏統計已被發現非常實用，並且在各個地方它在實際使用中。

　　貝氏統計是基於事前機率從所獲得的數據導出新機率的統計學。因此，與其他不同，機率的思維方式是特殊的。特別是，我們對頻率統計（描述性統計學和推論性統計學）有不同的想法。以下是各個統計學的基本概念。

- 描述性統計學 —— 以易於理解的方式表達樣本中發現的特徵。
- 推論性統計學 —— 分析樣本並推測母體。
- 貝氏統計學 —— 不一定需要樣本。即使數據不足，它也會以某種方式導出機率。

　　貝氏統計學與其他統計學大不相同，因為它們不需要樣本，為了做到這種不同的思維方式，支持貝氏統計的人特別稱為「Bayesian」，並且在某些情況下，他們與統計理論家形成了強烈的衝突。

　　然而，貝氏分析是模仿人類學習過程的想法，結合個人的事前知識（事前機率）與概似（數據）更新機率（事後機率）。事前分配可以設想為任一的機率分配（二項分配、波瓦生分配、常態分配等），當無事前資訊或不想使用時，可利用無資訊事前分配，實用上，利用能近似無資訊分配的弱資訊事前分配，如常態事前分配 N(0,1)。若有適切的事前資訊（由過去的實驗數據或依據專家的意見）時，要列入資訊設定事前分配。大樣本時，不管事前分配、概似（Likelihood）的分配為何，事後分配漸進地近似常態分配（貝氏流派的中央極限定理），此時事前分配的選擇並不重要。

＊註：讀者若想直接進入 SPSS 的操作，可先跳過本序章逕自從第 1 章開始
　　　閱讀，之後再閱讀本序章，亦可。

0.2 貝氏定理

首先，貝氏定理（Bayesian theorem）表示如下：
• 如果是離散型

$$P(\theta_i \mid x) = \frac{P(x \mid \theta_i)P(\theta_i)}{\sum_{i=1}^{n} P(x \mid \theta_i) P(\theta_i)}$$

• 如果是連續型

$$\pi(\theta \mid x) = \frac{f(x \mid \theta) \pi(\theta)}{\int_{\theta} f(x \mid \theta) \pi(\theta) d\theta}$$

此處 x 是數據，θ 是參數。在離散的情況下，$P(\theta_i)$ 稱為事前機率，$P(\theta_i \mid x)$ 稱為事後機率，$P(x \mid \theta_i)$ 稱為概似（likelihood），$\sum_{i=1}^{n} P(x \mid \theta_i)P(\theta_i)$ 稱為邊際概似。

在連續型的情況下，$\pi(\theta)$ 為事前分配（prior distribution），$\pi(\theta \mid x)$ 稱為事後分配（posterior distribution），$f(x \mid \theta)$ 稱為概似，$\int_{\theta} f(x \mid \theta) \pi(\theta) d\theta$ 稱為邊際概似。

・貝氏定理的推導
以離散型的情況來說明。
由以下的條件機率式

$$P(Y \mid X) = \frac{P(X \cap Y)}{P(X)}$$

$$P(X \mid Y) = \frac{P(X \cap Y)}{P(Y)}$$

所以

$$P(X \cap Y) = P(Y \mid X)P(X) = P(X \mid Y)P(Y)$$

得出

$$P(Y \mid X) = \frac{P(X \mid Y)P(Y)}{P(X)}$$

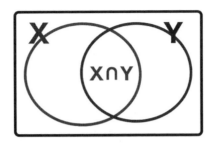

將 X 用 x，Y 用 θ 更換，得

$$P(\theta|x) = \frac{P(x|\theta)P(\theta)}{P(x)} \text{。}$$

接下來，參數 θ 如果存在多個可能的 θ 值，在 $\theta_i(i = 1, 2, \cdots, n)$ 相互獨立的條件下變成

$$P(\theta_i|x) = \frac{P(x|\theta_i)P(\theta_i)}{P(x)} = \frac{P(x|\theta_i)P(\theta_i)}{\sum_{i=1}^{n} P(\theta_i \cap x)} = \frac{P(x|\theta_i)P(\theta_i)}{\sum_{i=1}^{n} P(\theta_i) P(x|\theta_i)}$$

即成為離散型的貝氏定理。

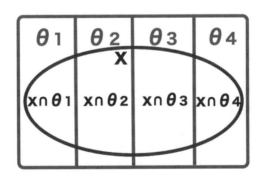

・從貝氏定理來考察

　　雖然連續型省略了嚴密的證明，但程序與離散型相同。簡而言之，事前機率 $P(\theta_i)$ 為當作事前分配 $\pi(\theta)$，事後機率 $P(\theta_i|x)$ 當作事後分配 $\pi(\theta|x)$，概似 $P(x|\theta_i)$ 當作 $f(x|\theta)$，邊際概似 $\sum_{i=1}^{n}P(x|\theta_i)P(\theta_i)$ 當作 $\int_{\theta} f(x|\theta)\pi(\theta)d\theta$，分別轉換後，就可以得到連續型。

　　幾乎所有貝氏統計數據都是建立在貝氏定理的基礎上的。因此，所有參數在貝氏統計中都是獨立的，這是一個重要的前提。特別是在貝氏統計中，出現了 iid（獨立和相同分配）的條件，所以要記住。

下面，我將繼續說明連續型的情形。

如注意連續貝氏定理的分母（邊際概似）時，原本 x 是一個常數，以 θ 來積分，因此邊際概似是一個常數。亦即，使用比例符號 $\propto$ 可以表達為

$$\pi(\theta|x) \propto f(x|\theta)\pi(\theta)$$

此即，

$$\boxed{事後分配} \propto \boxed{概似} \times \boxed{事前分配}$$

意謂著事後分配可由概似和事前分配導出。在這樣的貝氏統計中，出現了事前分配、概似函數、事後分配三個分配。

這個式子非常重要。我們將使用一個例子來考慮這個式子的解釋（我們不進行嚴格的計算）。

例

就男人的平均身高來考量。以事前資訊來說，男性的身高假定服從母平均 μ 是 170，變異數是 τ^2 的常態分配。以數據來說，從服從 $N(\mu, 10^2)$ 的母體取得樣本 175，此時事後分配成為如何？

此處，事前分配是 $\mu \sim N(170, \tau^2)$。例如，$\pi(165)$ 是指母體的平均值為 165 的機率。那麼概似呢？

概似 $f(x|\theta)$ 因參數是 μ，所以可以表示為 $f(x|\mu)$。以用語言表達時，意謂 μ 給與之後獲得數據的機率。它類似於頻率理論的概念。

因為是「母體平均值 μ 給與之後」，因之變數 μ 該值必須給予才行。例如，給予 $\mu = 165$，$f(x = 175|\mu = 165)$ 即為從平均數為 165 的母體得出數據 175 的機率。例如，$\mu = 175$，$f(x = 175|\mu = 175)$ 即為從平均數為 175 的母體得出數據 175 的機率。像這樣，概似函數取決於 μ 而移動。

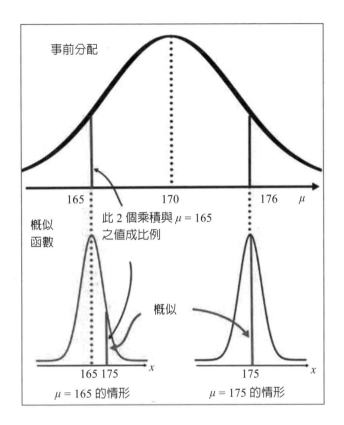

上面列出的事前分配和概似的乘積是與事後分配成比例。也就是說，例如，如果數據給與之後的母體平均值是 165 的機率（$\theta = 165 \mid x = 175$），可以利用事前資訊（母體的平均值是 165 的機率）和概似（從母平均值為 165 的母體分配得出數據 175 的機率）的乘積表示。如果這個 θ 的移動是在參數可以採用的整個值中移動時，則會得到事後分配。

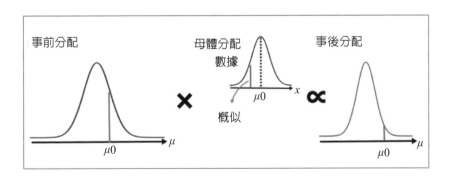

0.3 概似與機率

　　「概似（likelihood）」常常被用作「機率」的同義詞。但是在統計學中，二者有截然不同的用法。機率描述了已知參數時的隨機變數的輸出結果；概似則用來描述已知隨機變數輸出結果時，未知參數可能的取值。例如，對於「一枚正反對稱的硬幣上拋十次」這種事件，我們可以問硬幣落地時十次都是正面向上的「機率」是多少；而對於「一枚硬幣上拋十次」，我們則可以問，這枚硬幣正反面對稱的「概似」程度是多少。

　　在數理統計學中，概似函數是一種關於統計模型中的參數的函數，表示模型參數中的概似性。概似函數在統計推論中有重大作用，如在最大概似估計和費雪訊息之中的應用等等。「概似性」與「或然性」或「機率」意思相近，都是指某種事件發生的可能性，但是在統計學中，「概似性」和「或然性」或「機率」又有明確的區分。機率用在已知一些參數的情況下，預測接下來的觀測所得到的結果，而概似性則是用於在已知某些觀測所得到的結果時，對有關事物性質的參數進行估計。

Tea Break

　　「概似」是統計中的專門用語，英文是以 Likelihood 來表示，內容涵意仍有些模糊不明，但通俗來說即為「可能性」。

0.4 頻率統計與貝氏統計中的假設檢定

頻度論的最基本的前提條件是將母體的未知母數當作定數、將數據當作變數來處理。譬如，就國人男性的平均身高考量以下的假設檢定：

$$H_0 : \mu = 172$$

此時參數 μ 是定數，因之無法求出滿足 $\mu = 172$ 的機率。因為機率只對機率變數給予設定之故。

因此，將母數固定之後，考量得出數據的機率即是頻率論中的假設檢定。以上面的例子來說，雖然不知平均身高是否為 $\mu = 172$，姑且訂為 $\mu = 172$ 之後再得出數據的一種想法。接著，在此前提之下若所得到的平均身高為 190cm 時，斟酌「將平均身高訂為 $\mu = 172$ 是否有誤」即為頻度論中的假設檢定。

將以上以條件機率表示時，可以寫成 $P(X|H_0)$。這可以說是滿足虛無假設的條件下，數據得出的機率。

相對於頻度論的想法，貝氏統計是將母體的未知母數當作機率變數、將數據當作定數來處理的一種想法。

就國人男性的平均身高考量如下的假設檢定：

$$H_0 : \mu \leq 172$$

此時，母數 μ 是機率變數，因之可以求出平均身高 $\mu \leq 172$ 的機率。

因為 μ 是具有分配的，μ 的密度函數當作 $\pi(\mu)$ 時，μ 在 172 以下的機率 $P(\mu \leq 172)$ 即為如下。

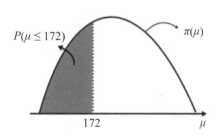

像這樣，貝氏統計中的假設檢定是可以導出滿足假設的機率。並且，如果這是數據得出後的分配（事後分配），它的機率可以使用條件機率寫成 $P(H_0|X)$。此即為數據得出之後，滿足虛無假設的機率。

綜上所述，總結這兩個差異時，

・頻率理論中的假設檢定

在滿足虛無假設的條件下，可以獲得數據的機率為 $P(X|H_0)$

・貝氏統計中的假設檢定

利用所獲得的數據，可以獲得滿足虛無假設的機率 $P(H_0|X)$。

換句話說，所要求出的機率是不同的。因此，貝氏統計中的假設檢定需要採用與傳統假設檢定完全不同的思維和方法。

再就如下的假設檢定來說，

$$H_0 : \theta \leq \theta_0$$
$$H_1 : \theta > \theta_0$$

得到數據之後，假定事後分配成為如下。

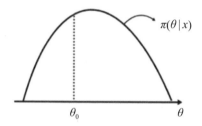

滿足數據得出後的 H_0、H_1 的機率成為如下。

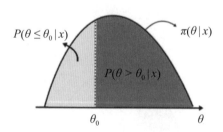

左方淺影部分是 $P(H_0|X)$、藍色部分是 $P(H_1|X)$。右方深影部分比淺影部分的機率大。亦即，數據得出之後滿足對立假設 H_1 的機率，可以說比滿足虛無假設 H_0 的機率大。因之，否定虛無假設 H_0、選擇對立假設 H_1。

此外，以往的假設檢定雖然不能說「未否定虛無假設＝虛無假設是正確的」判斷，但在直接算出假設成立的機率的貝氏統計的檢定中，卻可以如此說。

0.5 **無資訊事前分配**

在貝氏統計中，需要自己設定事前分配。事前分配是在獲得數據之前從事前訊息給出的分配。

讓我們使用以下示例設定事前的分配吧。

例

投擲硬幣 5 次，正面出現了 4 次。試找出正面出現的眞實機率 p 的事後分配。

利用上述例子應用均一分配，由於眞實機率 p 是從 0 到 1 之間取值，所以均一分配的事前分配可以寫成

$$\pi(p) = 1 \quad (0 \leq p \leq 1)$$

這意謂著正面出現的機率在 0 和 1 之間均爲相等。

這可以說是正確的嗎？顯然，如果外觀是普通硬幣，則正面出現的機率，與其說是 0 不如說是 1/2 存在的可能性應該更大。即使這樣，我們也將它們設定爲具有相同的機率。

當然，由於它的確是無資訊分配，如果說「沒有訊息，就以這種方式設定」，或許是沒有辦法的事但仍然是令人無法理解。事實上，事前分配中採用均一分配即使至今也似乎仍然被議論著。

從內容中並無事前的資訊。硬幣的正面出現的次數是服從二項分配，雖然將事前分配設定成 Beta 分配也行，然而是要設成 Beta(1/2, 1/2) 或是 Beta(1, 1) 或是 Beta(1, 2) 呢？有許多的選項。並且，假定即使設定爲 Beta(1, 2)，如無根據的話，可靠性是欠缺的。

因此，所想出的正是無資訊事前分配。無資訊事前分配是在事前無資訊的情形，以及設定事前分配並無根據的情形下經常加以使用。無資訊事前分配主要有以下兩種，一是均一分配，另一是非正則分配。均一分配使用 $\pi(\theta) = \dfrac{1}{b-a}$ $(a \leq \theta \leq b)$，非正則分配使用 $\pi(\theta) = C (-\infty \leq \theta \leq \infty)$ 機率之和並非爲 1（正確來說，積分值無限大呈現發散的分配是非正則分配的定義）。

即使如此，使用此分配的理由是此分配具有其獨特的特徵，將它當作事前分配在功能上非常有用。雖然受到議論卻仍被使用，是因爲大家認同它的「完全無資訊」的有用性吧。

均一分配意指在封閉區間 $[a, b]$ 之間不管取何值均爲相同機率。基於此

意，均一分配可以說是無資訊分配。

• 二項分配設定無資訊事前分配經常使用 Beta 分配 $B(1, 1)$。

Beta 分配 $B(a, b)$ 的兩個參數 a 與 b，當 $a = b = 1$ 時即為均一分配（無資訊事前分配）。

• 波瓦生分配設定無資訊事前分配經常使用 Gamma 分配 $G(0.5, 1)$ 或 $G(1, 1)$。

• 常態分配設定無資訊事前分配經常使用均一分配。

• 均一分配在區間 $[a,b]$ 上的連續型隨機變數可得出如下機率密度函數：

$$f(x) = \begin{cases} \dfrac{1}{b-a} & \text{for } a \leq x \leq b \\ 0 & \text{elsewhere} \end{cases}$$

$$E(X) = \frac{(b+a)}{2}，V(X) = \frac{(b-a)^2}{12}$$

• Beta 分配的機率密度函數的式子表示如下：

$$f(x; \alpha, \beta) = \frac{\Gamma(\alpha+\beta)}{\Gamma(\alpha)\Gamma(\beta)} x^{\alpha-1}(1-x)^{\beta-1}，0 < x < 1$$

$$E(X) = \frac{\alpha}{\alpha+\beta}，V(X) = \frac{\alpha\beta}{(\alpha+\beta)^2(\alpha+\beta+1)}$$

• Gamma 分配的機率密度函數的式子表示如下：

$$f(x; \alpha, \beta) = \frac{\beta^a}{\Gamma(\alpha)} x^{\alpha-1}e^{-\beta x}，x > 0$$

式中 $\Gamma(\alpha) = \int_0^\infty x^{\alpha-1}e^{-x}dx$

$$E(X) = \frac{\alpha}{\beta}，V(X) = \frac{\alpha}{\beta^2}$$

0.6　共軛事前分配

　　事前分配是基於事前訊息設定。那你要如何建立一個事前分配呢？

　　例如，假定您要從遵循二項分配的母體中取得數據。基於事前訊息，假定事前分配是指數分配的形式。此時事後分配的平均值是

$$E(\theta \mid x) = \frac{\int_0^1 \theta \times \theta^x (1-\theta)^{n-x} e^{-\lambda\theta} d\theta}{\int_0^1 \theta^x (1-\theta)^{n-x} e^{-\lambda\theta} d\theta}$$

　　但求出它幾乎是不可能的，計算過於復雜。如果可能的話，想避免此種複雜的計算。如此所想出的設定事前分配的方法之一即爲共軛事前分配的概念。

　　共軛事前分配是透過將其乘以概似函數來獲得事後分配，使得其函數形式與事前分配相同。也就是說，如果事前分配是共軛事前分配，則事前分配和事後分配具有相同的形狀的機率分配。當事前分配與事後分配是同一分配時，我們稱之爲共軛。

　　當概似函數已知時，如能適切選取事前分配，事後分配即成爲與事前分配相同的類型，此種適切的事前分配稱爲共軛事前分配。所謂共軛事前分配是處理貝氏統計時，爲了迴避複雜的計算所考慮的事前分配。對共軛事前分配乘上概似函數求出事後分配時，其函數形式即成爲相同的分配，亦即，若能使用共軛事前分配時，事前分配與事後分配即爲相同型式。一般而言，如果有母數的機率分配是指數型分配族時，共軛事前分配是存在的。

表　有母數的機率分配與事前分配與事後分配

共軛事前分配	有母數的機率分配	事後分配
Beta 分配	柏努利分配	Beta 分配
Beta 分配	二項分配	Beta 分配
常態分配	常態分配（σ^2 已知）	常態分配
逆 Gamma 分配	常態分配（σ^2 未知）	逆 Gamma 分配
Gamma 分配	波瓦生分配	Gamma 分配
Dirichlet 分配	多項分配	Dirichlet 分配

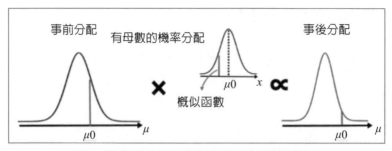

圖 事前與事後分配與概似函數關係圖

(1) 統計模式：二項分配（n 次試行）

$$p(x \mid q) = \binom{n}{x} q^x (1-q)^{n-x} \quad x = 0, 1, 2, \cdots, n$$

事前分配 = Beta 分配 Beta(a, b)

$$\pi(q \mid a, b) = \frac{1}{B(a, b)} q^{a-1}(1-q)^{b-1} \, , \, (a, b > 0)$$

n 次試行 x 次成功時的事後分配也是 Beta 分配

$$\pi(q \mid x, a, b) = \frac{1}{B(a+x, \, b+(n-x))} q^{a+x-1}(1-q)^{b+(n-x)-1}$$

例

事前分配 ($a = b = 1$)

$$\pi(q) = 1 \quad 0 \le q \le 1$$

5 次試行 4 次成功的事後分配 ($n = 5, x = 4$)

$$\pi(q \mid x = 4) = \frac{1}{B(5, 2)} q^4(1-q)$$

事前分配與事後分配的圖形顯示如下圖：

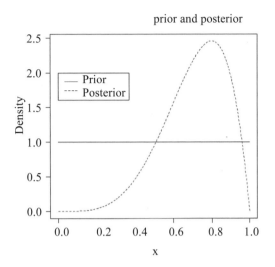

(2) 統計模式：Poisson 分配

$$p(x\,|\,\lambda) = \frac{(\lambda)^x}{x!} e^{-\lambda} \qquad x = 0,\ 1,\ 2,\ \cdots$$

事前分配 = Gamma 分配 Ga(a, b)

$$\pi(\lambda\,|\,a, b) = \frac{1}{\Gamma(a)}\left(\frac{\lambda}{b}\right)^{a-1} e^{-\frac{\lambda}{b}}\frac{1}{b} \quad (a,\ b > 0)$$

x 被觀測時的事後分配也是 Gamma 分配

$$\pi(\lambda\,|\,x; a, b) = \frac{1}{\Gamma(a+x)}\left(\frac{\lambda}{b^*}\right)^{a+x-1} e^{-\lambda/b^*}\frac{1}{b^*}\ ,\ b^* = \frac{b}{b+1}$$

以記號表示時可以記載如下：

$$X_1,\ X_2,\ \cdots,\ X_n \overset{\text{i.i.d.}}{\sim} Po(\lambda),\ \lambda \sim Ga(a,\ b)$$

$$\lambda \sim Ga(a + x_{tot},\ b^*)$$

$$x_{tot} = x_1 + x_2 + \cdots + x_n,\ b^* = \frac{b}{nb+1}$$

例

事前分配 ($a = 1$, $b = 1000$)

$$\pi(\lambda) = \frac{1}{1000} e^{-\frac{\lambda}{1000}}$$

今假定 3 日間聯絡 120 件。

事後分配 ($n = 3$，$x_{tot} = 120$)

$$\pi(\lambda \,|\, x_{tot} = 120) = \frac{3}{\Gamma(121)}(3\lambda)^{120}\,e^{-3\lambda}\,,\ b^* \approx 1/3$$

事前分配與事後分配的圖形顯示如下圖。

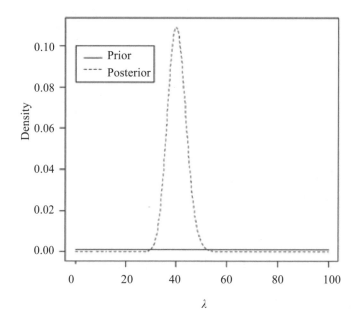

(3) 統計模式：常態分配（變異數已知）

　　服從常態分配的 n 個數據設為 $x_1, x_2, \cdots, x_n$，其母數的平均值設為 μ。並且，已知的變異數以 σ^2 表示。

　　以常態分配的母數即平均數 μ 的事前分配 $\pi(\mu)$ 來說，是採用如下的常態分配，此處 σ_0 是常數。

$$事前分配\ \pi(\mu) = \frac{1}{\sqrt{2\pi}\sigma_0}\,e^{-\frac{(\mu - \mu_0)^2}{2\sigma_0^2}}$$

事後分配 $\pi(\mu\,|\,D)$ 是成為平均值 μ_1，變異數 σ_1^2 的常態分配。

$$\pi(\mu\,|\,D) = \frac{1}{\sqrt{2\pi}\sigma_1}\,e^{-\frac{(\mu - \mu_1)^2}{2\sigma_1^2}}$$

式中，

$$\mu_1 = \frac{\frac{n\bar{x}}{\sigma^2} + \frac{\mu_0}{\sigma_0^2}}{\frac{n}{\sigma^2} + \frac{1}{\sigma_0^2}} \ , \ \frac{1}{\sigma_1^2} = \frac{n}{\sigma^2} + \frac{1}{\sigma_0^2} \ , \ （亦即，\sigma_1^2 = \frac{1}{\frac{n}{\sigma^2} + \frac{1}{\sigma_0^2}}）$$

(4) 統計模式：常態分配（變異數未知）

逆 Gamma 分配 $IG(\propto, \lambda)$ 是以如下的分配函數所表示：

$$f(x) = kx^{-\alpha-1}e^{-\frac{\lambda}{x}} \ （k 爲常數，\alpha, \lambda 爲常數）$$

對於服從變異數 σ^2 與平均值 μ 的常態分配的 n 個數據 $x_1, x_2, \cdots x_n$ 來說，它們的變異數 σ^2 與平均值 μ 的事前分配分別設爲

逆 Gamma 分配 $IG\left(\frac{n_0}{2}, \frac{n_0 S_0}{2}\right)$，常態分配 $N\left(\mu_0, \frac{\sigma^2}{m_0}\right)$

事後分配即爲

事後分配 $\propto (\sigma^2)^{-\frac{n_1+1}{2}-1}e^{-\frac{n_1 S_{1+m1}(\mu-\mu_1)^2}{2\sigma^2}}$

並且，對於 σ^2，μ 的條件事後分配分別是

逆 Gamma 分配 $IG\left(\frac{n_1+1}{2}, \frac{n_1 S_1 + m_1(\mu-\mu_1)^2}{2}\right)$

常態分配 $N\left(\mu_1, \frac{\sigma^2}{m_1}\right)$

此處，$m_1 = m_0 + n$，$n_1 = n_0 + n$

$n_1 S_1 = n_0 S_0 + Q + \frac{m_0 n}{m_0 + n}(\bar{x} - \mu_0)^2$，$\mu_1 = \frac{n\bar{x} + m_0 \mu_0}{m_0 + n}$

$Q = (x_1 - \bar{x})^2 + (x_2 - \bar{x})^2 + \cdots + (x_n - \bar{x})^2$

$\bar{x}$ 是數據的平均值，Q 是數據的數據變動。

0.7 貝氏因子

貝氏統計中的假設檢定，事實上存在有一個很大問題。貝氏定理已經證明，事後分配是由事前分配給出的。換句話說，事後優勝比（odds ratio）也取決於事前的分配設定。

譬如，考察以下的檢定：

$$H_0 : \theta \le \theta_0$$
$$H_1 : \theta > \theta_0$$

假定事前分配如下設定：

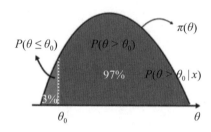

如果是此種事前分配時，已經是否定虛無假設的狀態。並且，此處即使追加數據，虛無假設非常容易被否定的狀態仍是不會改變的。像這樣，貝氏統計的假設檢定，取決於事前設定的機率，否定虛無假設的可能性會出現差異有此弱點。

事前分配是自行設定的，如想否定虛無假設時，如將滿足事前分配的虛無假設的機率變小的話是很簡單的。可是，如此是無法進行正確的檢定。

因此，貝氏統計的假設檢定中，就有顯示證據強度的貝氏因子。藉此彌補此弱點是可行的。

貝氏因子的評估顯示如下：

支持 H1		支持 H0	
$0 \sim \frac{1}{100}$	極度支持 H1	100 以上	極度支持 H0
$\frac{1}{100} \sim \frac{1}{30}$	非常強烈支持 H1	$30 \sim 100$	非常強烈支持 H0
$\frac{1}{30} \sim \frac{1}{10}$	強烈支持 H1	$10 \sim 30$	強烈支持 H0
$\frac{1}{10} \sim \frac{1}{3}$	適度支持 H1	$3 \sim 10$	適度支持 H0
$\frac{1}{3} \sim 1$	無根據支持 H1	$1 \sim 3$	無根據支持 H0

0.8　**事前分配**

　　貝氏統計中的假設檢定有需要採取不同於過去的假設檢定的想法來進行。在頻率論中的基本想法，是所得到的數據是以多少的頻率（機率）從母體發生的，亦即參數是常數，數據是變數（機率變數），相對的，貝氏統計的想法則完全相反，亦即參數爲變數，數據爲常數。

　　貝氏學派認爲參數 θ 並非一個固定未知定值，反而應該將參數 θ 視爲一個隨機變數。在貝氏定理的架構之下，在資料 X 收集完之後，x 應該是已知的，因此可以寫出概似函數 $L(\theta|x)$。另外，在進行試行之前，研究者應該對參數 θ 有些瞭解，因此可以給 θ 設定一個事前分配（prior distribution），以 $\pi(\theta)$ 表示；此事前分配必須在抽樣之前設定，當決定好事前分配後，將樣本資料和事前分配做結合，形成事後分配後再去做推論。

　　在貝氏統計裡，事前分配的假設很重要，如果我們擁有的事前訊息是錯誤或是不準確的，那麼此時貝氏做出的結論可能會比古典統計做出的結論還不精確。

　　常見的事前分配有以下三類，無訊息事前分配（noninformative prior）、共軛事前分配（conjugate prior）以及傑佛里斯事前分配（Jeffreys prior），分別簡介如下：

(1) 無訊息事前分配（noninformative prior）

　　如果在研究前對參數不瞭解，沒有和參數相關的資訊可以運用，此時可以假設在參數空間中，每一個點發生的機率都是相同的，也就是均勻分配（uniform distribution）。在均勻分配的假設下，所有對參數事後分配的訊息皆來自於概似函數，此時貝氏統計推論會和一般頻率統計（frequentist statistics）推論相同。

(2) 共軛事前（conjugate prior）

　　給定一個概似函數 $L(\theta|x)$，當事前和事後分配爲同一分配家族時，這個事前分配又稱爲共軛事前分配。一般來說，使用共軛事前分配在計算事後分配時，有計算簡單、快速解析等優點，因此是常被採用的事前分配之一。

(3) 傑佛里斯事前（Jeffreys prior）

　　傑佛里斯事前定義成 $\pi(\theta)$，其中 $I(\theta)$ 定義爲費雪訊息矩陣（Fisher information matrix），定義爲

$$I(\theta) = -E\left[\frac{\partial^2 \log(f(x|\theta))}{\partial \theta^2}\right]$$

是一個用來量測 $f(x \mid \theta)$ 訊息量的方法，其中 θ 是隨機變數 X 所帶來的未知參數。傑佛里斯事前分配的好處是在變數變換時，其事前分配是不變的（invariant）。

對於貝氏統計學派來說，所有的統計推論都是根據參數的事後分配。和古典統計學相同，統計量必須根據事後分配的型態選擇，常見的統計量有期望值、中位數、眾數。而在進行區間估計時，我們希望能選到一段長度最短的區域，因此這段區域會包含到機率密度最高的部分；選取包含機率密度最高的區域作爲貝氏信賴區間，在直覺上是合理的。在信賴區間的選取上，我們希望信賴區間的長度愈短精準愈好。

0.9 機率分配

① 機率變數 $X_1, X_2, \cdots, X_k$ 具有以下的聯合函數時，其機率分配稱爲服從參數 n 及 $p_1, p_2, \cdots, p_n$ 的**多項分配**。它的機率密度函數表示成如下。

$$f(x_1, x_2, \cdots, x_k) = \frac{n!}{x_1! \ x_2! \dots x_k!} p_1^{x_1} p_2^{x_2} \cdots p_k^{x_k} \quad (x_i \geq 0, \ x_1 + \cdots + x_k = n)$$

其中，n 爲正整數，$p_i > 0 (i = 1, 2, \cdots, k), p_1 + p_2 + \cdots + p_k = 1$。

② 機率變數 $X_1, X_2, \cdots, X_{n-1}$ 具有以下的機率密度函數 $f(x_1, x_2, \cdots, x_{n-1})$ 時，機率變數 $X_1, X_2, \cdots, X_{n-1}$ 服從參數 $\alpha_1, \alpha_2, \cdots, \alpha_{n-1}$ 的 **Dirichlet 分配**。它的機率密度函數表示成如下。

$$f(x_1, x_2, \cdots, x_{n-1}) = \frac{\Gamma(\sum_{i=1}^{n} \alpha_i)}{\Gamma(\alpha_1) \dots \Gamma(\alpha_n)} = x_1^{\alpha_1 - 1} \ x_2^{\alpha_2 - 1} \cdots x_n^{\alpha_n - 1}$$

其中，$\sum_{i=1}^{n} x_i = 1$，$x_1, \cdots, x_n \geq 0$。

Dirichlet 分配可以想成是將 Beta 分配擴張成多變量的分配。在貝氏統計中眾所周知 Dirichlet 分配是多項分配的共軛事前分配。Beta 分配是 Dirichlet 分配的特例，且與 Gamma 分配有關。

③ 服從逆伽馬分配（inverse-gamma distribution）的機率變數 X 其機率密度函數 $f(x, \alpha, \beta)$ 如下所示：

$$f(x; \alpha, \beta) = \frac{\beta^{\alpha}}{\Gamma(\alpha)} x - \alpha - 1 \exp\left\{-\frac{\beta}{x}\right\}$$

- 若 $X \sim$ Inv-Gamma(α, β) 則 $kX \sim$ Inv-Gamma$(\alpha, k\beta)$
- 若 $X \sim$ Inv-Gamma$\left(\alpha, \frac{1}{2}\right)$ 則 $X \sim$ Inv-$\chi^2(2\alpha)$
- 若 $X \sim$ Inv-Gamma$\left(\frac{\alpha}{2}, \frac{1}{2}\right)$ 則 $X \sim$ Scaled Inv-$\chi^2\left(\alpha, \frac{1}{\alpha}\right)$
- 若 $X \sim$ Gamma(α, β) 則 $\frac{1}{X} \sim$ Inv-Gamma(α, β)

④ 服從卡方分配的機率變數 X 其機率密度函數如下所示：

$$f(x; k) = \frac{x^{\frac{k}{2} - 1} e^{-\frac{x}{2}}}{2^{\frac{k}{2}} \Gamma\left(\frac{k}{2}\right)}, \ x > 0$$

其中 k 是自由度的參數。

⑤ X 服從卡方分配，$1/X$ 服從逆卡方分配（inverse-chi-squared distribution or inverted-chi-square distribution），其機率密度函數如下所示：

$$f(x, v) = \frac{x^{-\frac{v}{2}-1} e^{-\frac{1}{2x}}}{2^{\frac{v}{2}} \Gamma\left(\frac{v}{2}\right)}$$

其中 v 是自由度的參數和 τ^2 是尺度參數。

⑥ 服從 Scaled inverse Chi-squared distribution 的 機率密度函數（$x > 0$）表示如下：

$$f(x; v, \tau^2) = \frac{(\tau^2 v/2)^{v/2}}{\Gamma(v/2)} \frac{\exp\left[\frac{-v\tau^2}{2x}\right]}{x^{1+v/2}}$$

其中 v 是自由度的參數和 τ^2 是尺度參數，逆卡方分配是 Scaled inverse Chi-squared distribution 的特例。

又，上述相關的分配整理如下：

- 若 $X \sim$ Scale-inv-$\chi^2(v, \tau^2)$ 則 $kX \sim$ Scale-inv-$\chi^2(v, k\tau^2)$
- 若 $X \sim$ inv-$\chi^2(v)$(inverse-chi-squared distribution) 則 $X \sim$ Scale-inv-$\chi^2(v, 1/v)$
- 若 $X \sim$ Scale-inv-$\chi^2(v, \tau^2)$ 則 $\frac{X}{\tau^2 v} \sim$ inv-$\chi^2(v)$(inverse-chi-squared distribution)
- 若 $X \sim$ Scale-inv-$\chi^2(v, \tau^2)$ 則 $X \sim$ Inv-Gamma$\left(\frac{v}{2}, \frac{v\tau^2}{2}\right)$ (inverse-gamma distribution)

⑦ 逆常態分配（inverse normal distribution）

服從逆常態分配的的機率變數 X 其機率密度函數表示如下：

$$f(x, \pi, \lambda) = \sqrt{\frac{\lambda}{2\pi x^3}} \exp\left(-\frac{(x-\mu)^2}{2\mu^2 x}\right)$$

$$E(X) = \mu \,, \quad V(X) = \frac{\mu^3}{\lambda}$$

0.10　概似函數的類型

服從母數爲 θ 的母體分配其機率變數 X 的機率密度函數設爲 $f(x; \theta)$ 時，
- 概似函數即爲：$L(\theta) = f(x; \theta)$
- 對數概似函數即爲：$L(\theta) = \log L(\theta)$
- score 函數即爲：$V(\theta) = \dfrac{\partial}{\partial \theta} l(\theta) = \dfrac{\partial}{\partial \theta} \log L(\partial)$
- Fisher 資訊量即爲：

$$\mathrm{Var}\left[\frac{\partial}{\partial \theta}\log L\right] = E\left[\left(\frac{\partial}{\partial \theta}\log L\right)^2\right]$$

概似函數雖與密度函數同形，但密度函數是將 θ 固定後當成 x 的函數，相對的，概似函數是將 x 固定後當成 θ 的函數。

對數概似函數是將概似函數取成對數，score 函數是將對數概似函數加以微分。

 Tea Break

　　「概似」與「機率」有明確的區分，機率用於已知一些母數的情況下，預測接下來在觀測上所得到的結果，概似則是用於已知某些觀測所得到的結果時，對有關事物之性質的母數進行估計，也就是說已觀測到某事物後，對相關母數進行猜測。

　　已知有事件 *A* 發生，概似函數 *L*（*B* | *A*）是估計或猜測母數 *B* 的不同值的可能性，形式上概似函數是一種條件機率函數。

　　通常一個概似函數乘以一個正的常數之後，仍是概似函數。

　　$L(b \mid A) = \alpha \cdot P(A \mid B = b)\,(\alpha > 0)$

0.11 常態分配（共軛事前分配為常態分配）的事後分配

當從遵循常態分配的母體中取得數據時，共軛事前分配是常態分配。因此，當假設事前分配是常態分配時，事後分配可以說即為如下。

從服從母平均 μ、母變異數 σ^2 的常態母體抽出大小 n 的樣本，樣本平均為 $\bar{x}$。以母平均 μ 的事前分配來說，取成平均 η、變異數 τ^2 的常態分配時，μ 的事後分配服從常態分配，其平均與變異數如下：

平均 =

$$\frac{n\tau^2\bar{x}+\sigma^2\eta}{n\tau^2+\sigma^2}=\frac{\dfrac{n}{\sigma^2}\bar{x}+\dfrac{1}{\tau^2}\eta}{\dfrac{n}{\sigma^2}+\dfrac{1}{\tau^2}}$$

變異數 =

$$\frac{\tau^2\sigma^2}{n\tau^2+\sigma^2}=\frac{\dfrac{\sigma^2\tau^2}{n}}{\dfrac{\sigma^2}{n}+\tau^2}$$

例

想調查男子籃球選手的平均身高 μ。以事前資訊來說，身高的事前分配為 $\mu \sim N(180,15^2)$。今隨機抽出了籃球選手 5 人時，得出平均身高 195cm。籃球選手的身高的分配當作服從常態分配時，試求 μ 的事後分配的平均、變異數。但是，籃球選手的身高的分配的變異數已知是 10^2。

如以上說明，事前分配是 $\mu \sim N(\eta,\ \tau^2)$，取得數據的母體分配是 $N(\mu,\ \sigma^2)$ 時，事後分配是服從以下的常態分配，即

$$\mu \sim N\left(\frac{n\tau^2\bar{x}+\sigma^2\eta}{n\tau^2+\sigma^2},\frac{\tau^2\sigma^2}{n\tau^2+\sigma^2}\right)$$

此處，只要代入對應之值即可。換言之，代入 $\eta = 180$、$\tau^2 = 15^2$、$\sigma^2 = 10^2$、$n = 5$、$\bar{x} = 195$，則得出

平均：193.8

變異數：18.4

0.12　Beta分配（共軛事前分配為伯努利分配、二項分配）的事後分配

當從伯努利（Bernulli）分配中取得數據時，共軛事前分配即為 Beta 分配。因此，將事前分配設為 Beta 分配時，關於事後分配的平均與變異數即為如下。

進行 1 次成功機率為 p 的試行，假定成功 x 次（x 服從 Bi(1, p)）。此試行進行 n 次。以參數 p 的事前分配來說，當得出 Beta(α, β) 的 Beta 分配時，p 的事後分配是服從 Beta($\alpha + \gamma, \beta + (n - \gamma)$)。其中，$\gamma$ 是成功次數。

平均 =

$$\frac{\alpha+\gamma}{\alpha+\beta+n}$$

變異數 =

$$\frac{(\alpha+\gamma)(\beta+n-\gamma)}{(\alpha+\beta+n)^2(\alpha+\beta+n+1)}$$

Tea Break

Beta 分配可以使用下式表示：
$$y = （常數）\times x^{\alpha-1} \times (1-x)^{\beta-1}$$
i) 當 $\alpha = 1$，$\beta = 1$ 時，$y =$（常數）
ii) 當 $\alpha = 2$，$\beta = 1$ 時，$y =$（常數）x
iii) 當 $\alpha = 1$，$\beta = 2$ 時，$y =$（常數）$\times x^0 \times (1-x)^1$
iv) 當 $\alpha = 2$，$\beta = 2$ 時，$y =$（常數）$\times x \times (1-x)$

0.13 二項分配的事後分配

上述舉出服從伯努利分配的情形，但二項分配的情形又是如何？服從二項分配 Bi(n, p) 的機率變數的機率分配是

$$f(x) = {}_nC_x p^x (1-p)^{n-x}$$

取得數據 x 時，概似是

$$f(x|p) = {}_nC_x p^x (1-p)^{n-x}$$

此處 nCx 對 p 來說是常數。並且，x 想成是成功次數時，x 與上記的 γ 相等，因之事後分配是與上記同樣的步驟可以得出

$$\pi(p|x) \propto \pi(p) f(x|p) \propto p^{\alpha+\gamma-1}(1-p)^{\beta+(n-\gamma)-1}$$

因之，事前分配是 Beta 分配、取得數據的母體分配是二項分配時，事後分配即與伯努利分配的情形相同。

Tea Break

二項分配在醫學研究中至關重要，一組二項分配的數據，指的通常是 n 次相互獨立的成功率為 π 的伯努利試行中成功的次數。

伯努利分配的機率分配表示如下：

$$f(x) = p^x(1-p)^{1-x}, x = 0, 1$$

0.14 **例題解說**

1.均一分配的事後分配

A 先生的罰球成功率不明。因此，將成功率當作 θ，試估計之。

此處將 θ 當作機率變數來處理。雖然是常數，但對不知道它的人來說，因為資訊不十分無法使之明確定，因此當作機率變數來處理。此即為貝氏統計學的立場。

首先，B 先生毫無籃球的知識，罰球的成功率全無概念。

因此、對 B 先生來說，罰球成功率是 0 到 1 之間的值，好像是均等。將此當作機率變數 θ 的事前分配（沒有追加任何資訊時的分配）是區間 $[0,1]$ 的均一分配來表現（毫無任何資訊時，θ 的「最有可能的」情形是在區間 $[0,1]$ 中全等）。

因此，A 先生進行 12 次的罰球，當作 3 次成功。

此時，考察「12 次中 3 次成功時 θ 的條件機率」。

無頭緒的想是很困難的，因此利用貝定理，設法將「θ 的值為 θ 時，12 次中 3 次成功的機率（θ 的概似）」與「θ 之值為 θ 的機率」相乘。

概似當作是二項分配 $B(12, \theta)$，即為

$$P(3; 12, \theta) = \binom{12}{3} \theta^3 (1 - \theta)^9$$

其中忽略常數以比例形式表示，因之忽略前面的二項係數。

並且，事前分配是區間 $[0,1]$ 經常為 $\theta = 1$ 的均一樣分配，因之 θ 的事後分配即為

$$P(\theta|A) \propto \theta^3 (1 - \theta)^9$$

（其中，事件 A 是「12 次中 3 次成功」的事件）。

照這樣，θ 的全部合計（0 到 1 的積分）不是 1，上記的 $P(\theta|A)$ 的右邊不成為機率（正確來說，θ 是連續型機率變數，因之要當作機率密度函數 $f(\theta)$，但此處不必在意）。

為了全部合計成為 1，因之除以右邊的全部合計。

右邊 $\theta^3 (1 - \theta)^9$ 的全部合計是

$$\int_0^1 \theta^3 (1 - \theta)^9 d\theta = B(3 + 1, 9 + 1) = B(4, 10)$$

其中 $B(\ ,\ )$ 是 Beta 函數。$B(4, 10)$ 只是一個常數。

將先前的 $P(\theta|A)$ 的右邊除以 $B(4,10)$，即為完整的機率密度函數。

因此，機率密度函數當作 $f(\theta)$，θ 的事後分配即為

$$f(\theta) = \frac{1}{B(4,10)}\theta^3(1-\theta)^9 = \frac{1}{B(4,10)}\theta^{4-1}(1-\theta)^{10-1}$$

θ 的事後分配成為 Beta 分配 Beta(4, 10)。

Beta 分配的眾數，是 Beta 分配的機率密度函數取最大值的機率變數（此處是 θ）之值，即為以下之值。

$$\frac{\alpha-1}{(\alpha-1)+(b-1)} = \frac{a-1}{a+b-2}$$

當毫無事前資訊時，12 次中 3 次成功時，成功率之中最「有可能的」值是 3/12 = 0.25。

2. Beta分配的事後分配

就相同的情形來想，C 先生對籃球略能發揮想像力，將 θ 的事前分配設想成 Beta(5, 5)。

Beta(5, 5) 是在 $\theta = 0$ 的附近與 $\theta = 1$ 的附近幾乎不發生，在 $\theta = 1/2$ 的附近容易發生（最有可能）的分配。

換言之，C 先生認為「成功率大概是 0.5。0.05 或 0.95 此種極端值是不會有的」。

因此，A 先生嘗試投球，得到 12 次中 3 次成功的資訊，不得已加以修正。

與均一分配的時候相同，θ 的事後分配以「概似 × 事前分配」來考慮。

係數暫且忽略，概似與上述相同，當作與「$\theta^3(1-\theta)^9$」成比例。

並且，事前分配是 Beta(5, 5)，與「$\theta^4(1-\theta)^4$」成比例（請確認 Beta 分配的密度函數的式子）。

因此，事後分配是它們的乘積，故與「$\theta^7(1-\theta)^{13}$」成比例。

像機率密度函數那樣，在區間 [0,1] 中積分為了成為 1，除以 B(8, 14) 即可，變成

$$f(\theta) = \frac{1}{B(8,14)}\theta^7(1-\theta)^{13} = \frac{1}{B(8,14)}\theta^{8-1}(1-\theta)^{14-1}$$

θ 變成服從 Beta(8, 14)。

此時 θ 的事後眾數即為 (8 − 1)/(8 + 14 − 2) = 7/20 = 0.35。

3. Beta分配的解釋

Beta 分配 B(1, 1) 成為均一分配。因此，均一分配是 Beta 分配的特殊情形場合。

此處，最初的例子是針對成功率的事前分配 Beta(1, 1) 得出「3 次成功 9 次失敗」的資訊，成功率的事後分配變成了 Beta(4, 10)。

其次的例是針對成功率的事前分配 Beta(5, 5) 得出「3 次成功 9 次失敗」

的資訊時，成功率的事後分配變成了 Beta(8, 14)。

由此來看時，對於成功率的事前分配 Beta(a, b) 來說，得到「s 次成功 f 次失敗」的資訊時，成功率的事後分配可以想像是 Beta(a + s, b + f)。這是正確的。

另外，C 先生具有的事前分配 Beta(5, 5)，事實上這是「對毫無任何資訊的狀態 Beta(1, 1) 來說，得到 4 次成功 4 次失敗的資訊時的事後分配」。

而且，追加 A 先生的「3 次成功 9 次失敗」，對毫無任何資訊的狀態來說，終究與得到「7 次成功 13 次失敗」的資訊是相同的狀態。

在夢中 A 先生也可看見 8 次中 4 次成功的情景吧。

這可以說明 Beta 分配 Beta(a, b) 是得到「(a − 1) 次成功、(b − 1) 次失敗的資訊時的二項分配參數 p 的事後分配」（a, b 是非負整數）。

並且，此事後分配的性質只在 Beta 分配與二項分配的關係才成立，其他的情形是每次都要計算概似，不判斷是不行的。

4. Poisson分配的事後分配

國內某醫院的心臟手術失敗的案例數想成 y。此處所謂失敗是手術後 30 天內死亡。假定這服從波瓦生分配。手術（exposure）的總數當作 n，每次手術的死亡率當作 λ。

$y \sim \text{Poisson}(n\lambda)$

λ 的最大概似估計量是 $\bar{\lambda} = \dfrac{y}{n}$。

如上述共軛事前分配是 Gamma 分配，有需要設定二個參數。此處，參考與目前作為對象的醫院有相同手術水準的其他醫院的數據，當作 $\alpha = 16$ 與 $\beta = 15174$，亦即事前分布是

$$\theta^{16-1}e^{-15174\theta} = \text{Gamma}(16, 15174)$$

事後分配即為 (16 + y, 15174 + n) 的 Gamma 分配。

此處，假定有新的手術案例是 66 件，其中失敗為 1 件的醫院，與手術案例為 1767 件，其中失敗為 4 件的醫院。

前者的事後分配為 (17, 15240) 的 Gamma 分配，後者的事後分配為 (20, 16941) 的 Gamma 分配。

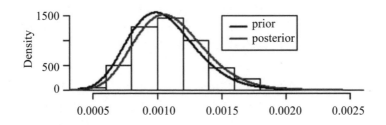

前者的事前分配為 (16, 15174)，事後分配為 (17, 15240) 的 Gamma 分配

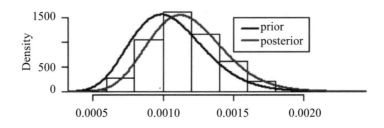

後者的事前分配為 (16, 15174)，事後分配為 (20, 16941) 的 Gamma 分配

0.15　指數分配族

機率變數 X 假定服從 1 個未知參數 θ 的機率分配。並且，假定它的機率分配具有機率（密度）關數 $f(x;\theta)$。此時，機率（密度）函數可以用以下的式子表記時，它的分配稱為屬於**指數型分布族**（**exponential family of distribution**）。

$$f(x;\theta) = \exp[a(x)b(\theta) + c(\theta) + d(x)]$$

指數分配族的屬性中經常使用的兩個項。一是如何使用指數分配族的屬性計算期望值和變異數。另一是指數分配族的分配具有共軛事前分配。

通常，據說大多數機率分配被分類為指數分配族。然而，對於具有多個參數的機率分配，取決於哪個參數未知，在某些情況下，有時它不屬於指數族。（例如，常態分配是 μ, σ^2 兩者之中有一個未知（或兩者都是未知），也被歸類為指數分配族，但在二項分配的情況下，只有 p 未知時，呈現出屬於指數族。）

下面的機率分配列表（僅代表性）屬於指數分配族。
• 常態分配 • 二項式 • 多項分配 • 負二項分配 • 幾何分配 • 波瓦生分配 • 伽馬分配 • 指數分配
• Beta 分配 • Laplace 分配 • Weibull 分配。

0.16 頻率論中區間估計的想法

以下解釋頻率理論中的區間估計的想法。先考慮一個例子。

分配從符合已知常態分配的樣本中取出 n 個數據時，將顯著水準設為 α，對母體均值的區間估計可以表示為

$$\overline{X} - Z_{\frac{\alpha}{2}} \sqrt{\frac{\sigma^2}{n}} \le \mu \le \overline{X} + Z_{\frac{\alpha}{2}} \sqrt{\frac{\sigma^2}{n}}$$

這樣的區間稱為信賴區間。

頻率理論是將參數視為常數，將數據視為隨機變數，因此如果重寫上述等式，

變數 $\le$ 常數 $\le$ 變數

可知區間是變數。也就是說，區間是根據獲得的數據而變化。因此，95% 信賴區間被解釋為「當獲得 100 個數據的信賴區間時，95 個數據的信賴區間包含真實參數」。

0.17　貝氏理論中區間估計的想法

　　另一方面，在貝氏統計中，我們將參數視爲隨機變數，將數據視爲常數，被重寫爲

　　　　常數 ≤ 變數 ≤ 常數

　　區間成爲常數。換句話說，在貝氏統計的區間估計中，獲得在該區間中存在眞實參數的機率。這樣的區間稱爲信賴區間。

　　隨機變數 θ 的分配由事後分配給出，因此 $100(1 - \alpha)\%$ 信賴區間可以表示爲如下。

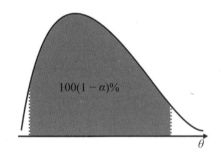

0.18 最大概似估計量與貝氏估計量的區別

貝氏估計量使用事前訊息，而最大概似估計量不使用事前訊息。

假定進行 5 次投擲硬幣，正面出現的次數設爲 x。假定正面出現的機率設爲 p，x 是服從二項分配 Bi(5, p)。此時，試考察 x 爲 0～5 的情形。

(1) 最大概似估計量即爲 $\dfrac{x}{n}$，因之如下表所示。

x	0	1	2	3	4	5
$\hat{p}$	0	1/5	2/5	3/5	4/5	1

觀察兩端時，覺得估計值有些不可靠。譬如 $x = 5$，估計正面出現的機率是 1。換言之，「此硬幣絕對不會出現反面」。只要硬幣的外表並無異常，此估計值是不可靠的。此處，就貝氏估計量來考察看看。

(2) 貝氏估計量 T 是 $\dfrac{x+\alpha}{n+\alpha+\beta}$，分別將 $n = 5$、$\alpha = 12$、$\beta = 12$ 代入時，即爲下表。

x	0	1	2	3	4	5
T	1/12	1/4	5/12	7/12	3/4	11/12

事前有資訊時，兩端的機率不會是 0 或 1。它比最大概似估計量更能信賴。

像這樣，機率不取 0 與 1 時，亦即 $0 < p < 1$ 時，要使用貝氏估計量而不使用最大概似估計量。

最大概似估計量與貝氏估計量各有優缺點，整理如下。

	最大概似估計量	貝氏估計量
優點	• 由於現場採集數據，因此可靠	• 即使進行少量試行，也可以在一定程度上估計 • 更新機率爲偶然（此次獲得的機率可以作爲下一次事前訊息來使用）
缺點	• 若是少量的試行次數，有時仍有極端值 • 雖然如此，要試行 100 次 200 次甚花時間	• 事前訊息可能不可靠

基於這些事實，我們應該爲每種情況選擇合適的估計方法。

0.19 Beta 分配的特徵

Beta 分配可以看作是一個顯示機率的機率分配，當你不知道一個東西的具體機率是多少時，它可以給出了所有機率出現的可能性大小。

下圖是 α, β 的不同值所出現的圖形。其中 $B(1, 1)$ 即為均一分配，其平均為 $\frac{1}{2}$，變異數為 $\frac{1}{12}$；$B(2, 2)$ 的平均為 $\frac{1}{2}$，變異數為 $\frac{1}{20}$；$B(10, 10)$ 接近常態分配，平均為 $\frac{1}{2}$，變異數為 $\frac{1}{82}$。因之，二項分配設定無資訊事前分配經常使用 Beta 分配 $B(1, 1)$。

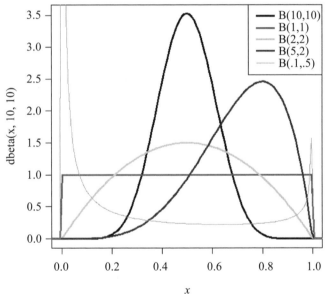

A few beta probability distributions

舉一個簡單的例子，熟悉棒球運動的都知道有一個指標就是棒球擊球率（batting average），就是用一個運動員擊中的球數除以擊球的總數，我們一般認為 0.266 是正常水平的擊球率，而如果擊球率高達 0.3 就被認為是非常優秀的。

現在有一個棒球運動員，我們希望能夠預測他在這一賽季中的棒球擊球率是多少。你可能就會直接計算棒球擊球率，用擊中的數除以擊球數，但是如果這個棒球運動員只打了一次，而且還命中了，那麼他就擊球率就是 100%

了，這顯然是不合理的，因為根據棒球的歷史訊息，我們知道這個擊球率應該是 0.215 到 0.36 之間才對。

對於這個問題，我們可以用一個二項分配表示（一系列成功或失敗），一個最好的方法來表示這些經驗（在統計中稱為事前訊息）就是用 Beta 分配，這表示在我們沒有看到這個運動員打球之前，我們就有了一個大概的範圍。Beta 分配的定義域是 (0, 1)，這就跟機率的範圍是一樣的。

接下來我們將這些事前訊息轉換為 Beta 分配的參數，我們知道一個擊球率應該是平均 0.27 左右，而他的範圍是 0.21 到 0.35，那麼根據這個訊息，我們可以取 $\alpha = 81$，$\beta = 219$。

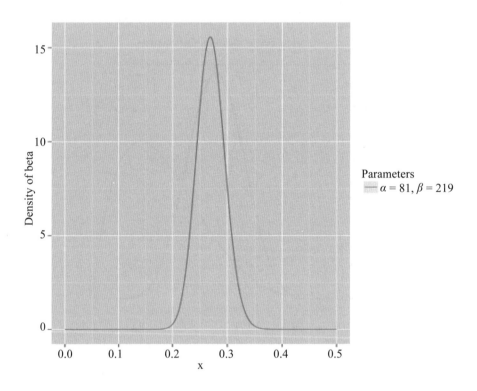

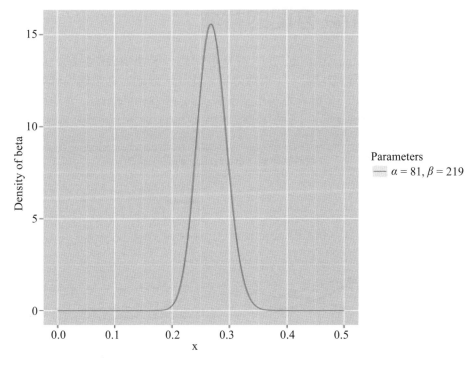

此之所以取這兩個參數是因為：

Beta 分配的均值是 $\dfrac{\alpha}{\alpha+\beta}=\dfrac{81}{81+219}=0.27$

　　從圖中可以看到這個分配主要落在 (0.2, 0.35) 之間，這是從經驗中得出的合理的範圍。

　　在這個例子裡，我們的 x 軸就表示各個擊球率的取值，x 對應的 y 值就是這個擊球率所對應的機率。也就是說 Beta 分配可以看作一個顯示機率的機率分配。

0.20 Gamma 分配的特徵

　　伽瑪分配（Gamma Distribution）是統計學的一種連續機率函數，是機率統計中一種非常重要的分配。「指數分配」和「χ^2 分配」都是伽馬分配的特例。Gamma 分配中的參數 α 稱為形狀參數（shape parameter），β 稱為尺度參數（scale parameter）。

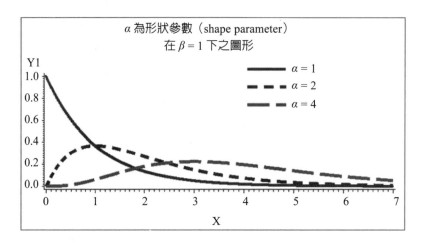

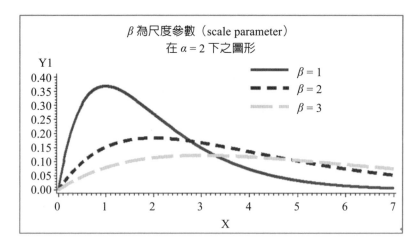

(1) Gamma 分配的隨機變數 X 是表示事件第 n 次發生所需的時間。指數分配的隨機變數 X 是描述連續兩事件發生的間隔時間。

(2) 當形狀參數 $\alpha = 1$ 時，伽馬分配就是參數為 λ 的指數分配 $\mathrm{Exp}(\lambda)$。

(3)當 $\alpha = n/2$，$\beta = 1/2$ 時，伽馬分配就是自由度為 n 的卡方分配 $\chi^2(n)$。

當我們需要計算，某家店在一個固定時間內會有 n 個顧客上門的機率，並且事先知道該店每小時顧客上門的頻率，即可應用 Gamma 分配來計算。像是每 10 年發生 1 次的事件直到發生 3 次為止要花幾年？此時，以對應 $\lambda = 10$，$n = 3$ 機率分配來說，即可應用 Gamma 分配，期望值是 30 年。

在連續型分配中，除了常態分配（normal distribution）及均勻分配（uniform distribution）比較重要外，再來就屬伽瑪分配（gamma distribution）了。因為與伽瑪相關的分配，如指數分配（exponential distribution）及卡方分配（chi-square distribution），在統計領域中都佔了舉足輕重的地位。指數分配應用，在可靠度理論〔reliability theory〕、等候時間〔waiting times〕或排隊〔queuing〕問題上；而卡方分配則是樣本變異數相關之分配，並可產生 F 分配，卡方分配又可應用於適合度檢定，及交叉分析中之相關性檢定。

總結來說，伽瑪分配本身的應用並不是很廣泛，但其衍伸之分配卻是極為重要。

Note

第 1 章
數據的種類與基本統計量

本章內容

1.1 數據的種類

1.1.1 名義、順序、間隔、比率數據

所謂數據（data）原本是指成為事物推論基礎的事實，或指成為其參考的資料與資訊，為了驗證自己有興趣的主題與研究假設所收集的資料。Data 是 datum 的複數形式，所以可以知道並非指一個而是儘可能較多的事實、資料、資訊。以下，在說明數據的分析方法之前，數據有許多種類，有需要依其特徵加以分析。

數據依其測量方式的尺度，可以分成名義數據、順序數據、間隔數據、比率數據。這些數據的特徵如下：

(1) 名義數據

像性別、血型、組名、學生號碼等，為了區別事物的類別所使用的數據，以及

- A 型當作 1、B 型當作 2、O 型當作 3、AB 型當作 4，所編碼的數據
- 具有 X 的人當作 1，未具有 X 的人當作 0，所編碼的數據

均可當作名義數據來考量。

名義數據對加減乘除的計算是不具意義的，在前例中，「A 型有 5 人、B 型有 1 人、O 型有 2 人、AB 型有 2 人，它的平均是

「$(5 \times 1 + 1 \times 2 + 2 \times 3 + 2 \times 4)/10 = 2.1$」

此 2.1 是不具任何意義的，名義數據的情形中，像「A 型 5 人、B 型 1 人、O 型 2 人、AB 型 2 人」或「A 型 5 人是最多的」，計數各個類別所包含的人數或次數，以及檢討最多或最少的類別才是重要的。

(2) 順序數據

像奧林匹克的順位或地震的震度、「喜歡—普通—討厭」之類意見調查的回答，為了區別數據的順位或大小關係所使用的數據。順序數據的大小比較是有意義的，但與名義數據同樣，對加減乘除的計算是不具意義的，譬如「奧林匹克的第 3 名比第 1 名來說競賽成績較差」雖然可以如此說，但卻不能說「第 3 名比第 1 名來說有 $1 \times 3 = 3$ 倍差的競賽成績」或「第 3 名是第 1 名與第 2 名合計的成績」。

(3) 間隔數據

像攝氏溫度或西曆，即使刻度是等間隔（被設想），但 0 與比是不具意義的數據。譬如，攝氏溫度「從 10℃ 上升至 20℃」與「從 90℃ 上升到 100℃」之情形，任一者雖然可以說「攝氏溫度上升 10℃」，但卻不能說

「10℃的 2 倍的攝氏溫度是 20℃」。另外，「攝氏溫度是 0℃，所以溫度不存在」是不能如此說的。因之，間隔數據只能進行加減運算。

而且，像「滿意—略為滿意—不太滿意—不滿意」之類左右對稱的問卷項目，乍見是順序數據，但基於它的數據性質，選項有 4 個以上時，當作間隔數據來處理也不會有問題。

(4) 比率數據

像長度或重量此種物理量的情形，刻度是等間隔（被設想），同時，原點的 0 是有意義的。譬如，「3.0m 是 1.5m 的 2 倍」，「0m 是意謂沒有長度」是可以如此說的。所以，比率數據是可以對加減乘除進行計算的。

數據的種類	具體例	計數	大小比較	加減	乘除
名義數據	性別、血型	○	×	×	×
順序數據	順位、震度	○	○	×	×
間隔數據	攝氏溫度、西曆 4 件以上的問項	○	○	○	×
比率數據	長度、重量	○	○	○	○

1.1.2 量性、質性數據

數據被分成量性數據與質性數據的情形也很多。所謂量性數據是指像間隔數據與比率數據，可以有某種計算的數據。另一方面，所謂質性數據是指名義數據與順序數據，無法進行加減乘除計算的數據。

取決於量性數據、質性數據的不同，可以發揮作用的計量性分析方法的範圍是不同的，當然，量性數據比質性數據來說，計量性的分析方法的範圍較廣。對質性數據來說，雖然可以進行量性的分析，但困難在於手法是有限定的。因之收集質性數據時，不僅是計量性、非計量性分析，特別是質性研究法所介紹的分析也可以列入考慮。

1.2 基本統計量

觀察所有數據掌握其特徵，只有在數據較少時方可辨別，數據數目甚多時近乎不可行。當數據數目甚多時，簡要表現數據整體的特徵甚為重要，像這樣簡要表現整體數據的特徵所使用的指標稱為基本統計量，以下，就與基本統計量的代表值與散布度、分配有關的指標加以說明。

1.2.1 代表值

所謂代表值如其名代表整個數據之值，表示數據的中心傾向。以經常活用的代表值來說，有「平均數（mean）」「中位數（median）」「眾數（mode）」。

(1) 平均數

以個數除以數據的總數。n 個數據 $x_1, x_2, \cdots, x_n$ 的平均值 $\bar{x}$，可以如下表示。

$$\bar{x} = \frac{1}{n}(x_1 + x_2 + \cdots + x_n) = \frac{1}{n}\sum_{i=1}^{n} x_i$$

例

有 5 位小朋友小考的分數為

   20   30   30   40   50   （分）

此時，其平均值為

$$\frac{1}{5}(20 + 30 + 30 + 40 + 50) = 34（分）$$

平均數雖然是經常活用的代表值，但對偏離值的反應顯得無力感，有此缺點。

例

某聚會參與的男性年齡為

   23   24   27   23   25   24   85   （歲）

此時，其平均值為

$$\frac{1}{7}(23 + 24 + 27 + 23 + 25 + 24 + 85) = 34（歲）$$

本例參與的對象許多是 20 年歲多些，33 歲的平均數代表此組數值是不能如此斷言的，因為 85 歲的參與者是偏離值，方使得平均數變高了。像這

樣，因爲偏離値之影響，所以平均數當作代表値是不適切的，此種情形有很多，以代表値來說，並非關注在平均數，以下要說明的中央値與衆數也是務必要參照的。

(2) 中位數

當數據由小而大依序排列時，剛好位於正中央之值。

數據是奇數個時，由小而大重排後位於正中央的數值，就照樣當作中位數。

數據是偶數時，正中的數值有 2 個，因之有以下 2 種方法，(1) 將此 2 個都當作中位數，(2) 將此 2 個的平均數作爲中位數。

例

某店鋪在 6 天之內的銷售額爲

| 10 | 25 | 30 | 35 | 15 | 10 | （萬元） |

此時，由小而大依序排列時，

| 10 | 10 | 15 | 25 | 30 | 35 | （萬元） |

因之，它的中位數

依據 (1) 的想法即爲 15 與 25（萬元），依據 (2) 的想法，即爲 $\dfrac{15+25}{2} = 20$（萬元）

如本例，中位數是使用數據中的一部分所求出的代表値，所以與平均數不同，有傾向偏離値的特徵。

(3) 衆數

數據之中出現個數最多之値。所有的數據不同時，可以想成無衆數。

例

某店鋪 7 日內紅豆麵包的銷售數爲

| 100 | 100 | 95 | 98 | 100 | 98 | 31 | （個） |

此時，賣 100 個的有 3 天，因之它的衆數是 100（個）

平均數是使用所有數據的總和，因之只能在比率數據與間隔數據中活用，但中位數與衆數尤其不是用於計算，因之在順序數據也能活用。另外，與中位數同樣，衆數對異常值具有抗拒性。

例

某選手參與 5 種大會的戰績是

    1   1   10   3   5   （位）

此時，由小而大排列時，

    1   1   3   5   10   （位）

因之，中位數是 3（位），眾數是 1（位）

1.2.2 散布度

只是代表值只能得知數據的中心傾向，但無法得出有關數據的分散程度的資訊。譬如，考試的分數僅 x 其平均值是 60 分，但幾乎多數的人是 55～65 分，與 40 分以下與 80 分以上，呈現兩極化的分數。在此 2 種分數中，何者是有 80 分價值的。如果沒有先前所示之有關分數的分散資訊時，任一者均具有相同的價值。X 即，在知道 80 分此事的價值上，不只是平均分數等的代表值，也有需要知道它的分散程度。

因此，以下針對數據的分散程度之指標「散布度」加以說明。

經常活用的散布度有「全距（range）」「四分位數（quartile）」「偏差（deviation）」「變異數（range）」「標準差（standard deviation）」

(1) 全距

數據的最大值檢最小值所得之值。

例

5 位小朋友小考的分數是

    20   30   30   40   50

此時，最大值是 50，最小值是 20，因之全距是 50 − 20 = 30（分）

(2) 四分位數

將數據由小而大排列時，位於下半部（25%）位置的分數當作第 1 四分位數（25th percentile），中位數當作第 2 四分位數（50th percentile），位於上半部（75%）位置的數當作第 3 四分位數（75th percentile）。

此 3 者合稱為四分位數。

另外，使用四分位數的散布圖來說，有四分位全距（quartile range）與四分位偏差（quartile deviation）。四分位全距是第 3 四分位與第 1 四分位之

差，表示數據的一件位於哪一個全距之中。四分位偏差是將四分位全距除以2而得者。

例

參與某餐會的男性年齡是

　　27　　27　　28　　29　　25　　24　　85　　　（歲）

由小而大排序時，

　　24　　25　　27　　27　　28　　29　　85

此中位數：第 1 四分位數　　此中位數：第 3 四分位數

因之，第 1 四分位數是 25（歲），第 2 四分位數是 27（歲），第 3 四分位數是 29（歲），四分位分距是 29 − 25 = 4，四分位偏差是 4 ÷ 2 = 2

以上所說明的四分位數使用稱為箱型圖（Box plot）之圖形來表現的居多。在箱型圖中，鬚的兩端表示最小值與最大值，箱的兩端是第 1 四分位數與第 3 四分位數，箱的正中線是表示中位數。

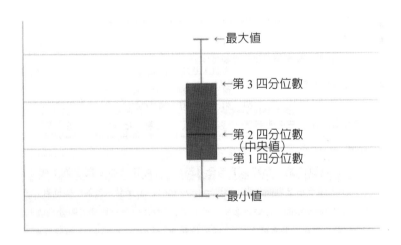

(3) 偏差

　這是指從數據減去平均數後的數值。各數據的偏差可以利用如下來表示，即

$$x_i - \overline{x}$$

此外，偏差的總和是 0，可以表示成如下：

$$\sum_{i=1}^{n}(x_i - \overline{x}) = 0$$

例

有 5 位小朋友小考的分數分別為

　　20　　30　　30　　40　　50　　（分）

因平均數是 34（分），因之將各個小朋友的偏差加以整理即為如下：

數據	偏差	偏差的平方
20	−14	196
30	−4	16
30	−4	16
40	+6	36
50	+16	256
總和	0	520

(4) 變異數

　　因偏差的總合是 0，因之可以利用偏差掌握各數據偏離平均數有多少。但無法掌握數據整體的分散程度，因此，實數的平方必定成為正值，將偏差之平方的平均當作散布度來使用。此指標稱為變異數。n 個數據 $x_1, x_2, \cdots, x_n$ 的變異數 s^2 可以如下表示。

$$s^2 = \frac{1}{n}\{(x_1 - \bar{x})^2 + (x_2 - \bar{x})^2 + \cdots + (x_n - \bar{x})^2\} = \frac{1}{n}\sum_{i=1}^{n}(x_i - \bar{x})^2$$

例

有 5 位小朋友的小考分數分別是

　　20　　30　　30　　40　　50　　（分）

平均數是 34（分），它的變異數是

$$\frac{1}{5}\{(20 - 34)^2 + (30 - 34)^2 + (30 - 34)^2 + (40 - 34)^2 + (50 - 34)^2\} = 104 （分^2）$$

　　例中的變異數是 104，但它的單位是數據單位的平方。像這樣，變異數的單位即為數據的單位平方。

(5) 標準差

　　變異數的單位是將數據的單位予以平方。因此，為了使單位一致，將變異數的正平方根當作散布圖使用。此指標稱為標準差。取 Standard Deviation

的第一個字母記成 SD 的有很多。n 個數據 $x_1, x_2, \cdots, x_n$ 的標準差，可以如下表示。

$$S = \sqrt{s^2} = \sqrt{\frac{1}{n}\{(x_1 - \bar{x})^2 + (x_2 - \bar{x})^2 + \cdots + (x_n - \bar{x})^2\}}$$

$$= \sqrt{\frac{1}{n}\sum_{i=1}^{n}(x_i - \bar{x})^2}$$

例

5 位小朋友小考的分數分別為

　　20　　30　　30　　40　　50　　（分）

其平均數為 34，變異數為 104，所以標準差為

$$\sqrt{\frac{1}{5}\{(20 - 34)^2 + (30 - 34)^2 + (30 - 34)^2 + (40 - 34)^2 + (50 - 34)^2\}}$$

$$= \sqrt{104} \fallingdotseq 10.20$$

1.2.3　有關分配的基本統計量

雖然從數據的代表值與散布度可以掌握數據的中心傾向與分散情形，但數據的分配情形是如何卻無法確定，譬如，儘管考試分數的平均數是 50 分，標準差是 10 分，數據的分配是以 50 分為界形成左右對稱，卻也有可能偏向於 40 分以下。因此，以下以數據的分配的有關指標來說，針對偏度（skewness）與峰度（Kurtosis）加以說明。

(1) 偏度

偏度是指分配的偏斜情形，換言之，分配從平均值來看是否形成左右對稱的指標，偏度是 0 形成左右對稱的分配，是正時形成左肩向上的分配，是負時形成右肩向上的分配。n 個數據 $x_1, x_2, \cdots, x_n$ 的平均數當作 $\bar{x}$，標準差當作 s，則偏度可以定義為

$$\frac{n}{(n-1)(n-2)}\sum_{i-1}^{n}\left(\frac{x_i - \bar{x}}{s}\right)^3 \tag{6}$$

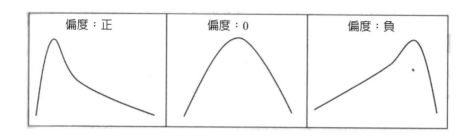

(2) 峰度

峰度是指分配的尖峰情形，亦即分配是否集中在平均數附近的相關指標。峰度是 0 時，形成常態分配（參第 2 章），是正時數據集中在平均值附近，當它是負時，數據並未集中在平均數附近。

n 個數據 $x_1, x_2, \cdots, x_n$ 的平均值設爲 $\bar{x}$，標準差設爲 s，峰度可以定義爲

$$\frac{n(n+1)}{(n-1)(n-2)(n-3)} \Sigma_{i=1}^{n}\left(\frac{x_i - \bar{x}}{s}\right)^4 - \frac{3(n+1)^2}{(n-2)(n-3)} \tag{7}$$

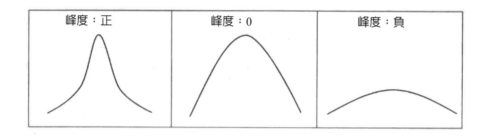

1.2.4　有關質性數據的基本統計量

以上所說明的代表值與散布度、偏度、峰度之類的基本統計量幾乎只能在量性數據中使用，質性數據是無法使用的，質性數據是計數屬於類別的次數（人數，頻率），求出該類別的比率即相對次數的情形有很多。但是順序數據因可能求出中位數與眾數，因之將這些當作基本統計量來使用。

例

某選手在 5 次大會上的戰績是

1　　1　　10　　3　　5　　（位）

此時，以圖行整理次數與相對次數即為如下，

	次數	相對次數
第 1 位	2	$\frac{2}{5} = 0.4$
第 3 位	1	$\frac{1}{5} = 0.2$
第 5 位	1	$\frac{1}{5} = 0.2$
第 10 位	1	$\frac{1}{5} = 0.2$

 Tea Break

基本統計量包括五種類型：
1. 衡量中央趨勢之統計量
2. 衡量分散度之統計量
3. 衡量相對位置之統計量
4. 衡量形狀之統計量
5. 衡量兩變數線性相關之統計量

1.3 利用SPSS讀取數據與基本統計量

以下就利用 SPSS 讀取 Excel 檔案的數據,求出基本統計量的方法加以說明。此次利用「基本統計量 .Xlsx」的數據,此數據是表示 50 人的居位地區(A,B,C)與年齡(歲)。針對居住地區與年齡求出基本統計量。

1.3.1 利用 SPSS 讀取數據

步驟 1 啓動 SPSS,從選單中選擇〔檔案〕>〔資料匯入〕>〔Excel〕。

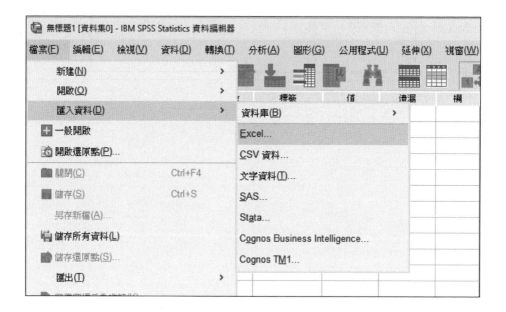

步驟 2　選擇以讀取數據的檔案夾與檔案，按一下〔開啓〕。

步驟 3 若要變更工作試算表與範圍時，要分別指定。不變更時，按〔確定〕。

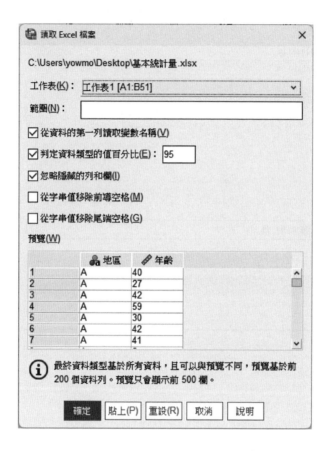

- 指定範圍時，於〔範圍〕中輸入其值。譬如，指定從 A1 到 E20 時，請輸入〔A1：E20〕。
- 第 1 列不是變數名而是數據時，將〔從數據的第一列讀取變數名稱〕的選項勾選取消。

步驟 4 已輸出資料範圍與變數視圖
數據的種類不同時，從〔變數視圖〕的〔尺度〕選擇正確的種類。
- 數據中如有追加與失誤時，選擇追加與訂正的儲存格線再追加與訂正數據。
- 變更變數名稱時，於〔名稱〕中輸入新的名稱。

【資料視圖】

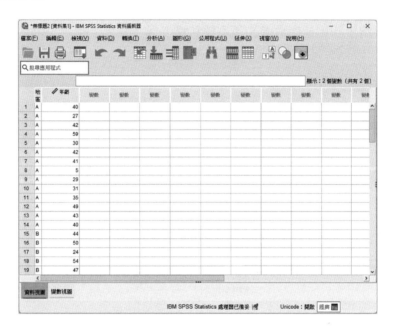

・數據有追加或有錯誤時，選擇要追加或訂正的儲存格，再追加或訂正數據。

【變數視圖】

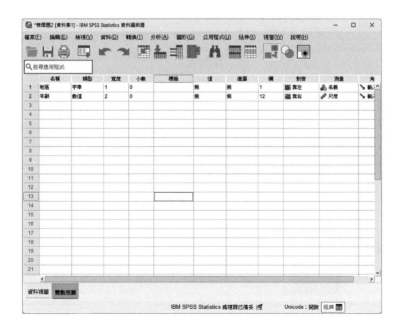

1.3.2 利用 SPSS 求出基本統計量

步驟 1　爲了計算量性數據的基本統計量，從〔分析〕選取〔敍述統計〕>
〔敍述統計〕。

步驟 2　顯示〔敍述統計〕的對話框

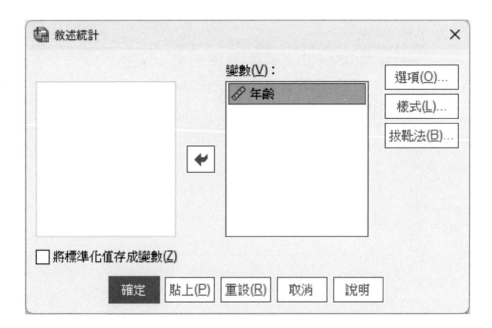

‧從左側的變數一覽表選擇求出基本統計量的〔年齡〕，利用 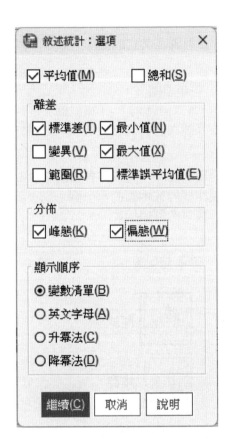 投入〔變數〕。

步驟 3 為了指定要求出的基本統計量，點選〔選項〕。
　　預設中是指定平均值、標準差、最小值、最大值。此處也點選偏度與峰度。

步驟 4 最後按〔確定〕後結果即被輸出。

敘述統計

	數字	最小值	最大值	平均值	標準差	偏態		峰態	
	統計量	統計量	統計量	統計量	統計量	統計量	標準誤	統計量	標準誤
年齡	50	5	60	39.54	12.034	-.449	.337	.286	.662
有效的 N (listwise)	50								

- 從結果可以得知年齡的最小值是 5 歲，最大值是 60 歲，平均值是 39.54 歲，標準差是 12.034 歲。
- 偏度是 −0.449 出現負號，因之分配呈現左肩向上，可以知道比平均年齡的 39.54 歲大的人甚多，出現如此的分配。
- 峰度是 0.286 為正的值，得知分配是集中在平均年齡為 39.54 歲的附近。

1.3.3 利用 SPSS 製作圖形

在 SPSS 中可以製作箱型圖及其它的圖形。以下，就年齡的箱型圖的製作方法加以說明。

步驟 1　選擇〔圖形〕>〔箱型圖〕。
- 25 版中是〔圖形〕>〔舊式對話框〕>〔箱型圖〕。
- 不只是箱型圖即使直條圖與圓餅圖也能製作。想製作的圖形可以在出現的選單中點選。

步驟 2　要製作各組的箱形圖時，選擇〔各組的累計〕。
此次的情形，可以製作個居住地區的箱形圖，以下試著製作各居住地區的箱形圖。為此，選擇〔觀察值群組摘要〕。

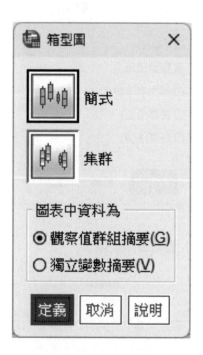

- 不製作各組的箱形圖時，選擇〔獨立變數摘要〕。

步驟 3　顯示〔箱型圖〕的對話框。

• 選擇製作箱型圖的〔年齡〕利用→投入〔類別軸〕中。

步驟 4　最後按〔確定〕，即可輸出結果。

地區

觀察值處理摘要

		觀察值					
		有效		遺漏		總計	
	地區	N	百分比	N	百分比	N	百分比
年齡	A	14	100.0%	0	0.0%	14	100.0%
	B	11	100.0%	0	0.0%	11	100.0%
	C	25	100.0%	0	0.0%	25	100.0%

年齡

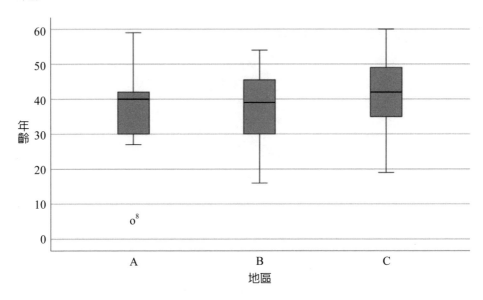

- 從〔觀察值處理摘要〕可以得知分析對象的數據數。此次的情形,得知居住在地區 A 有 14 人,地區 B 有 11 人,地區 C 有 25 人。
- 另外,也得知最小值是 A,最大值是 C,第 1 四分位數是 C,第 2 四分位數是 C,第 3 四分位數是 C 為最大。

第 2 章
機率與機率分配

本章內容

2.1 事件與機率

2.1.1 試行與事件

像投擲骰子或硬幣那樣，帶有不確實性的實驗或觀測稱為試行，以試行結果所發生的事象稱為事件。另外，因試行有可能發生的所有事件之集合稱為樣本空間。

例

試考察投擲 1 個有 6 面骰子 1 次的試行。出現奇數數目的事件當作 A，出現 2 點數目的事件當作 B，樣本空間當作 Ω，則

$A = \{1, 3, 5\}$
$B = \{2\}$
$\Omega = \{1, 2, 3, 4, 5, 6\}$

此時，事件 A, B 均為樣本空間 Ω 的元素。

如例所示，事件是樣本空間的元素，亦即是部分集合。事件 A 是樣本空間 Ω 的部分集合，表示成 $A \subset \Omega$。

另外，樣本空間只有 1 個元素所形成的事件稱為根本事件。

例

試考察投擲 1 個有 6 面骰子的試行。出現偶數數目的事件當作 A，出現 5 以上數目的事件當作 B，則

$A = \{2, 4, 6\}$
$B = \{5, 6\}$

此時，A 與 B 的積事件（交集）與和事件（聯集）分別為

$A \cap B = \{6\}$
$A \cup B = \{2, 4, 5, 6\}$

事件 A 與事件 B 同時不發生，亦即 $A \cap B = \phi$ 時，A 與 B 稱為互斥事件。

例

　試考察投擲 1 個有 6 面的骰子，出現偶數數目的事件當作 A，出現奇數數目的事件當作 B，於是

$$A = \{2, 4, 6\}$$
$$B = \{1, 3, 5\}$$

此時，因為 $A \cap B = \phi$，所以 A 與 B 是互斥事件。

2.1.2　高中以前對機率的定義

　發生某事件的可能性程度稱為機率，事件 A 發生的機率以 $P(A)$ 表示。機率雖有各種的定義，但高中以前所探討的機率，主要是以下 2 個。

(1) 基於等機率性的機率

　樣本空間中所包含的根本事件的個數當作 n，假定可以期待各根本事件均能以相同的程度發生（相同的確實性）。事件 A 所包含的根本事件的個數設為 a 時，則定義為

$$P(A) = \frac{a}{n}$$

例

　除去小丑（Joker）後，從 52 張撲克牌中抽出 1 張卡片，抽出三葉草（Clover）的事件當作 A。因為 52 張中任一卡片均以同樣的可能性抽出，所以

$$P(A) = \frac{13}{52} = \frac{1}{4}$$

---

(2) 基於次數的機率

　在同樣的條件下 n 次重複某試行，假定事件 A 發生 a 次，此時，a 對 n 的相對次數是

$$\frac{a}{n}$$

使 n 成為非常大的值，當接近一定的值 p 時，此時 p 定義為事件 A 的機率。

$$\lim_{n \to \infty} \left(\frac{a}{n} \right) = p = P(A)$$

例

在投擲 1 枚硬幣的試行中，爲了求出出現正面的機率，以出現正面的相對次數作爲縱軸，以試行次數爲橫軸作出如下圖形。

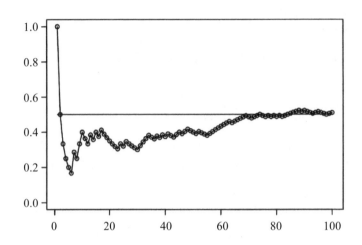

從圖形中，可以判斷出如試行次數增加時，出現正面的相對次數接近 0.5。

以上所說明的基於等機率性的機率與基於次數的機率，雖然直覺上容易了解，但仍留有數學上嚴密性的問題。基於等機率性的機率，如果根本事件並未有相同可能性的狀況時，是無法求出它的機率。另外，基於次數的機率，在相同條件下不一定能進行非常大次數的試行。

2.1.3　基於公理性定義的機率

數學上作爲嚴密的機率來說，有基於公理性定義的機率。所謂基於公理性定義的機率，是將滿足以下 3 個公理者，定義爲事件 A 的機率 $P(A)$。

(1) $0 \leq P(A) \leq 1$（事件 A 發生的機率是 0 以上 1 以下）

(2) $P(\Omega) = 1$（樣本空間發生的機率是 1）

(3) $A_1, A_2, \cdots$ 是互斥事件時 $P(A_1 \cup A_2 \cup \cdots) = P(A_1) + P(A_2) + \cdots$，（互斥事件發生的機率是各個事件發生機率之和）

2.1.4　機率的加法定理

2 個事件 A, B 的和事件的機率 $P(A \cup B)$ 爲

$$P(A \cup B) = \begin{cases} P(A) + P(B) & (A \cap B = \phi ; A \text{ 與 } B \text{ 爲互斥事件時}) \\ P(A) + P(B) - P(A \cap B) & (A \cap B = \phi ; A \text{ 與 } B \text{ 爲互斥事件時}) \end{cases}$$

此稱爲機率的加法定理。

上式從公理(3)，下式從 $A \cap B \neq \phi$ 時的文氏圖（Venn diagram）即可求出。針對文氏圖，$P(A) + P(B)$ 因爲重複計算 $P(A \cap B)$，因之，減去 $P(A \cap B)$ 即可求出。

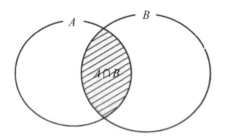

例

在記有 1 到 10 數個的卡片中抽出 1 張的試行中，求出抽出的數目是 2 的倍數或 3 的倍數的機率。抽出的卡片是 2 的倍數的事件當作 A，3 的倍數的事件當作 B，所要求的機率即爲 $P(A \cup B)$。

$$A = \{2, 4, 6, 8, 10\}$$
$$B = \{3, 6, 9\}$$
$$A \cap B = \{6\}$$

抽出所有的卡片都是相同的可能性時，

$$P(A) = \frac{5}{10} , P(B) = \frac{3}{10} , P(A \cap B) = \frac{1}{10}$$

因此，所求的機率

$$P(A \cup B) = P(A) + P(B) - P(A \cap B) = \frac{5}{10} + \frac{3}{10} - \frac{1}{10} = \frac{7}{10}$$

2.1.5 條件機率與乘法定理

2 個事件 A, B 的積事件 $A \cap B$ 發生的機率稱爲聯合機率（joint probability），

表示成 $P(A, B)$ 或 $P(A \cup B)$。另外，事件 A 發生後事件 B 發生的機率，稱為 B 在 A 給予下的條件機率，表示成 $P(B|A)$。

例

在某學年中，第 1 組有男生 10 人、女生 15 人，第 2 組有男生 15 人、女生 15 人，從中以抽籤考慮決定 1 位代表者。選出第 1 組學生的事件當作 A，選出女生的事件當作 B。

第 1 組的學生被選出的機率是

$$P(A) = \frac{25}{55} = \frac{5}{11}$$

女生被選出的機率是

$$P(B) = \frac{30}{55} = \frac{6}{11}$$

第 1 組的女生被選出的機率是

$$P(A, B) = \frac{15}{55} = \frac{3}{11}$$

第 1 組的學生被選出時是女生的機率為

$$P(B|A) = \frac{15}{55} = \frac{3}{5}$$

如例所示，B 在 A 給予時的條件機率 $P(B|A)$，是已知事件 A 已發生，因之事件 A 所含的根本事件的個數即為機率的分母，因此，事件 A 所含的根本事件的個數當作 $n(A)$，積事件 $A \cap B$ 所含的根本事件的個數當作 $n(A \cap B)$，即為

$$P(B|A) = \frac{n(A \cap B)}{n(A)}$$

將 (1) 式左邊的分母與分子除以樣本空間所含的根本事件的個數 $n(\Omega)$，即為

$$P(B|A) = \frac{\dfrac{n(A \cap B)}{n(\Omega)}}{\dfrac{n(A)}{n(\Omega)}} = \frac{P(A, B)}{P(A)}$$

於 (2) 式的兩邊乘上 $P(A)$，將左邊與右邊更換時即為

$$P(A, B) = P(A) \cdot P(B \mid A)$$

此式稱爲機率的乘法定理。機率的乘法定理意指「A 與 B 同時發生的機率」是「A 已發生時 B 發生的機率」乘上「A 的發生機率」。

例

試考察從有紅球 4 個與白球 5 個的袋中 1 個 1 個地取出球，連續取出 2 次不放回的試行。第 1 次出現白球的事件當作 A，第 2 次出現白球的事件當作 B，2 次均出現白球的機率爲

$$P(A, B) = P(A) \cdot P(B \mid A) = \frac{5}{9} \times \frac{4}{8} = \frac{5}{18}$$

2.1.6　獨立

對於投擲骰子的試行以及投擲硬幣的試行來說，骰子點數的出現方式與硬幣的正反出現方式相互之間並不影響，像這樣，2 次試行的結果不會相互影響的試行可以說是獨立。

在 2 個獨立的試行中，一方出現事件 A，另一方出現事件 B 時，即爲

$$P(A, B) = P(A)P(B)$$

亦即，事件 A 與 B 如果是獨立的話，「A 與 B 同時發生的機率」即爲「A 發生的機率」乘上「B 發生的機率」。

例

從有 3 張會中獎總共有 10 張福籤中，試考察每次一張連續抽取 2 次的試行。

另外，抽出的福籤仍可放回。第 1 張抽中福籤的事件當作 A，第 2 張抽中福籤的事件當作 B，

$$P(A) = \frac{3}{10} \ , \ P(B) = \frac{3}{10}$$

因爲事件 A 與 B 是獨立的，抽中 2 張福籤的機率爲

$$P(A, B) = P(A) \cdot P(B) = \frac{3}{10} \times \frac{3}{10} = \frac{9}{100}$$

2.2 機率分配

2.2.1 機率變數與機率分配

考察投擲 1 次有 6 面骰子的試行。此試行的樣本空間為

$$\Omega = \{1, 2, 3, 4, 5, 6\}$$

此處，出現的偶數的點數設為 $X = 1$，出現奇數的點數設為 $X = 0$，X 成為出現 0 或 1 的變數。

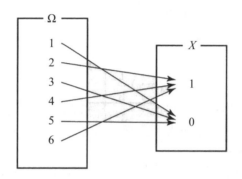

並且，骰子點數的出現方式同樣有相同的可能，偶數點數出現的機率與奇數的點數出現的機率，均為

$$\frac{3}{6} = \frac{1}{2}$$

可以表示成

$$P(x=1) = P(x=0) = \frac{1}{2}$$

像 X 那樣，依試行的結果值即可決定，且出現該值的機率也可決定的變數稱為機率變數。而且，$X = 0, 1$ 稱為機率變數的實現值或觀測值。

機率變數 X 依實現值的特徵，其性質與特徵而不同。像 $X = 0, 1$ 的整數值，只選取離散性數值的機率變數稱為離散型機率變數。另外，像身高或體重那樣，選取連續性數值的機率變數稱為連續型機率變數。

例

將樣本空間內當作投擲 1 次有 6 面骰子時的點數。出現點數的大小當作 X，假定骰子出現點數的方式均有同樣的可能性時，

$$X = 1, 2, 3, 4, 5, 6$$
$$P(X = 1) = P(X = 2) = P(X = 3) = P(X = 4) = P(X = 5) = P(X = 6)$$
$$= \frac{1}{6}$$

因之，X 即為離散型機率變數。

將機率變數與機率的對應關係稱為機率分配，稱為「機率變數服從它的機率分配」。並且，將機率變數 X 服從它的機率分配 $P(X)$，表示成 $X \sim P(x)$。

另外，機率變數的可能取值，設為 $x_1, x_2, \cdots, x_n$，選取這些值的機率，設為 $p_1, p_2, \cdots, p_n$ 時，機率分配可以整理組成如下表。

X	x_1　x_2　$\cdots$　x_n
P	p_1　p_2　$\cdots$　p_n

例

考察投擲一枚硬幣連續 2 次的試行。正面出現的次數當作 X，X 的機率分配即成為如下

X	0	1	2
P	$\frac{1}{4}$	$\frac{1}{2}$	$\frac{1}{4}$

2.2.2 離散型機率分配與機率質量函數

離散型機率變數 X 其實現值為 X 的機率 $P(X = x)$，定義為 $P(X = x) = f(x)$。實現值 X 的函數 $f(x)$ 稱為機率質量函數。

機率質量函數是依據公理的定義，因之有需要滿足以下 2 個性質。

(1)離散型的現實值的集合設定為 S，就所有的實現值 $x \in S, f(x) \geq 0$

(2)$\sum_{x \in s} f(x) = 1$

例

試考察將 1 個硬幣連續投擲 2 次的試行。出現正面的次數為 X，機率質量函數為

$$f(x) = \begin{cases} \dfrac{1}{4}(x=0,2) \\ \dfrac{1}{2}(x=1) \end{cases}$$

另外，離散型機率變數 X 的值取在 a 以上 b 以下的機率設為 $P(a \leq X \leq 6)$ 時，即為

$$P(a \leq X \leq 6) = \sum_{i=a}^{b} f(i)$$

例

樣本空間當作投擲 1 次有 6 面的骰子時的點數，出現數字的大小當作 X，骰子點數的出現方式假定有同樣的可能性，機率質量函數

$$f(x) = \frac{1}{6}(x=1,2,3,4,5,6)$$

骰子的點數在 1 以上 3 以下的機率

$$P(1 \leq X \leq 3) = \sum_{i=a}^{3} f(i) = f(1) + f(2) + f(3) = \frac{1}{6} + \frac{1}{6} + \frac{1}{6} = \frac{3}{6} = \frac{1}{2}$$

2.2.3 連續型機率分配與機率密度函數

對於連續型機率變數 X 來說某個實現值 X 的機率 $P(X=x)$ 當作

$$P(X = x) = 0$$

因為連續型的變數在一定的區間中存在無限的數字，因之，$P(X=x)$ 取成一定之值時，機率的總合並非 1 而是變成了 ∞。因此，連續型機率變數 X，其值取在 a 以上 b 以下的機率 $P(a \leq X \leq b)$ 定義為

$$P(a \leq X \leq b) = \int_a^b f(x)dx$$

函數 $f(x)$ 稱為機率密度函數。

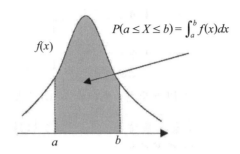

$$P(a \leq X \leq b) = \int_a^b f(x)dx$$

機率密度函數 $f(x)$ 因為是依據公理的定義，因之有需要滿足以下 2 個性質。

(1) 對所有的實現值 x 而言，$f(x) \geq 0$

(2) $\int_{-\infty}^{\infty} f(x)dx = 1$

(3)

例

就某連續型機率變數 X 而言，機率密度函數 $f(x)$ 當作縱軸，實現值 x 當作橫軸，可以畫出如下的圖形。

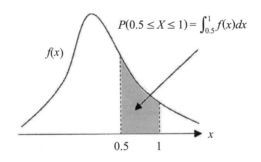

$$P(0.5 \leq X \leq 1) = \int_{0.5}^1 f(x)dx$$

在此圖形中，圖示出機率變數 X 在 0.5 以上 1 以下的機率為

$$P(0.5 \leq X \leq 1) = \int_{0.5}^1 f(x)dx$$

從圖形可知，機率變數 X 的實現值取在 0.5 以上 1 以下的機率，是機率密度函數 $f(x)$ 與 $x = 0.5, x = 1$，x 軸所圍成的面積。

另外，如比較 (3) 式與 (4) 式時，可知機率密度函數只是將機率質量函數的 Σ（和的記號）換成 $\int$（積分的記號）。

2.2.4 機率變數的期望值與變異數

對於機率變數之值而言機率分配的重心稱為期望值，可以定義如下。

(1) 離散型機率變數

離散型機率變數 X 的機率質量函數 $f(X_i) = P_i(i = 1, 2, \cdots, n)$ 時，期望值 $E[X]$ 定義如下：

$$E[X] = x_1 p_1 + x_2 p_2 + \cdots + x_n p_n = \sum_{i=1}^{n} x_i p_i$$

(2) 連續型機率變數

連續型機率變數 X 的機率密度函數為 $f(x)$ 時，期待值 $E[X]$ 定義為

$$E[X] = \int_{-\infty}^{\infty} x f(x) dx$$

例

離散型機率變數的實現值是 $\{1, 2, 3\}$，取其職的機率設為 $\{0.2, 0.4, 0.4\}$，此時的期望值 $E[X]$ 為

$$E[X] = \sum_{i=1}^{3} X_i P_i = 1 \times 0.2 + 2 \times 0.4 + 3 \times 0.4 = 2.2$$

機率變數之值的分散情形稱為變異數，如下定義。

(1) 離散型機率變數

離散型機率變數 X 的機率質量函數為 $f(X_i) = P_i(i = 1, 2, \cdots, p)$ 時，變異數 $V[X]$ 定義為

$$V[X] = E[\{X - E[X]\}^2] = \sum_{i=1}^{n} (X_i - E[X])^2 P_i$$

(2) 連續型機率變數

連續型機率變數 X 的機率密度函數為 $f(X)$ 時，變異數 $V[X]$ 定義為

$$V[X] = E[\{X - E[X]\}^2] = \int_{-\infty}^{\infty} (E(X))^2 f(x) dx$$

而且，就離散型、連續型機率變數來說，變異數 $V[X]$ 的正平方根 $\sqrt{V[X]}$ 稱為標準差。

例

　　離散型機率變數的實現值為 {1, 2, 3}，分別取值的機率設為 {0.2, 0.4, 0.4}。此時的期待值 $E[X]$ 是 2.2，因之變異數 $V[X]$ 即為

$$V[X] = \sum_{i=1}^{3} (x_n - E[X])^2 \cdot P_i$$

$$= (1 - 2.2)^2 \times 0.2 + (2 - 2.2)^2 \times 0.4 + (3 - 2.2)^2 \times 0.4 = 0.56$$

2.2.5　代表性的離散型機率分配

　　以上已針對機率變數與機率分配的一般性質加以說明。以下分別對離散型及連續型機率分配的代表性分配加以說明。

　　以下出現的母數（也稱參數），是各分配所具有的特徵。

(1) 離散均一分配

　　投擲 1 個有 6 個面的骰子時，可以認為由 1 到 6 出現的機率全部相等均為 1/6。像這樣，所有的機率變數的實現值假定均為相同的機率分配，稱為離散均一分配。

標準質量函數的定義	$U(x\,\|\,n) = \begin{cases} \dfrac{1}{n}(x = x_1 + x_2 + \cdots + x_n) \\ 0 \ （其他） \end{cases}$ 此時，可以表示成 $X \sim U(x_1 + x_2 + \cdots + x_n)$
機率變數之值	X：0, 1, 2, $\cdots$, n 中任意選取之值
母數	n：正整數
平均與變異數	$E[X] = \dfrac{n+1}{2}$，$V[X] = \dfrac{n^2 - 1}{12}$
分配圖例	 $n = 6$ 的離散均勻分配

(2) 伯努利分配

像硬幣的正反，成功失敗之類，所得到的結果只有 2 種的試行稱為伯努利試行，透過此試行所得到的機率分配稱為伯努利（Bernoulli）分配。

標準質量函數	$Ber(x\mid\theta)=\begin{cases}\theta(x=1)\\1-\theta(x=0)\end{cases}$ 此時，表示成 $X\sim Ber(1,\theta)$。
機率變數之值	X：0 或 1 整數
母數	θ：$X=1$ 的機率
平均	$E[X]=\theta$
變異數	$V[X]=\theta(1-\theta)$
分配圖例	 $Q=0.7$ 的伯努利分配

(3) 二項分配

N 次進行獨立的伯努利試行時，將機率變數為 1 的次數當作新的機率變數 X。此時，X 服從的分配稱為二項（Binomial）分配。

機率質量函數	$B(x\mid n,\theta)=\dfrac{n!}{n!(n-x)!}\,\theta^x\cdot(1-\theta)^{n-x}$ 此時，表示成 $X\sim B(n,\theta)$
機率變數之值	X：0, 1, 2, …, n 任一整數之值
母數	n：正的整數 θ：$X=1$ 的機率

平均與變異數	$E[X] = n\theta,\ V[X] = n\theta(1 - \theta)$
分配圖例	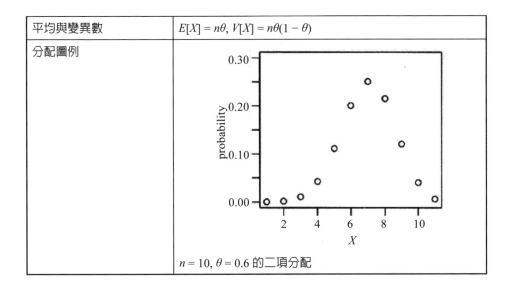 $n = 10,\ \theta = 0.6$ 的二項分配

(4) Poisson 分配

　　像新幹線或飛機的事故次數那樣，甚少發生事件的發生次數所服從的分配稱為卜瓦松分配。卜瓦松分配可以想成是取非負之整數值的機率分配。

機率質量函數	$P_0(x \mid \lambda) = \dfrac{e^{-\lambda}\lambda^x}{x!}$ 此時，表示成 $X \sim P_0(\lambda)$
機率變數之值	X：$0, 1, 2, \cdots, n$ 任一整數之值
母數	λ
平均與變異數	$E[X] = \lambda,\ V[X] = \lambda$
分配圖例	$\lambda = 1$ 的卜瓦松分配

2.2.6 代表性的連續型機率分配

以下針對代表性的連續型機率分配加以說明。

(1) 連續均一分配

將離散均一分配應用在連續型機率分配，機率密度在區間 $[a,b]$ 均爲一定的分配稱爲連續均一分配。

機率密度函數	$U(X\mid a,b)=\begin{cases}\dfrac{1}{b-a}\ (a \leq x \leq b)\\[2mm] 0\ (\text{其他})\end{cases}$ 此時，表示成 $X \sim \cup\,[a,\,b]$
機率變數之值	X：$a \leq x \leq b$ 的實數
母數	$a,\,b$：實數，$a < b$
平均變異數	$E[X]=\dfrac{a+b}{2}$，$V[x]=\dfrac{(6-a)^2}{12}$
分配圖例	 $a = 0,\ b = 2$ 的連續均一分配

(2) 常態分配

常態分配應用在社會上許多的事件中，像個體差或物理實驗的測量誤差，學力測驗的分數等，對平均而言形成左右對稱吊鐘型的機率分配。

機率密度函數	$N(x\mid\mu,\tau)=\dfrac{1}{\sqrt{2\pi}\sigma}\exp\left\{-\dfrac{(x-\mu)^2}{2\sigma^2}\right\}$ 表示成 $X\sim N(\mu,\sigma)$
機率變數之值	X：實數
母數	μ：實數，即為平均 σ：正的實數，即為標準差
平均與變異數	$E[X]=\mu,\ V[X]=\sigma^2$
分配圖例	 實線：$\mu=0,\sigma=1$，虛線：$\mu=0,\sigma=3$，點線：$\mu=5,\sigma=1$

　　如分配圖例所示，$\mu=0,\sigma=1$ 的常態分配稱為標準常態分配，表示成 $\phi(X)$。

　　當 $X\sim N(\mu,\sigma^2)$ 時，設 $Y=\dfrac{X-\mu}{\sigma}$ 時，

$$Y=\frac{X-\mu}{\sigma}\sim N(0,1)$$

　　亦即，Y 服從標準常態分配 $\phi(X)$。像服從標準常態分配 $\phi(X)$ 那樣，進行 $\dfrac{X-\mu}{\sigma}$ 的變壞稱為標準化。此時標準化是在應用常態分配的許多場合中加以利用。

　　另外，服從常態分配的機率變數 $X\sim N(\mu,\sigma)$，有如下的重要性質。

1. $X\sim N(\mu,\sigma)$，a 與 b 當作常數時，$aX+b\sim N(a\mu+b,a\sigma)$

2. 2 個機率變數 X, Y 分別獨立，$X \sim N(\mu_1, \sigma_1)$，$Y \sim N(\mu_2, \sigma_2)$ 時，則 $X + Y \sim N(\mu_1, \sigma_1 + \mu_2, \sigma_2)$。亦即，服從常態分配的機率變數之和的分配也是常態分配。此種分配的性質稱為再生性。

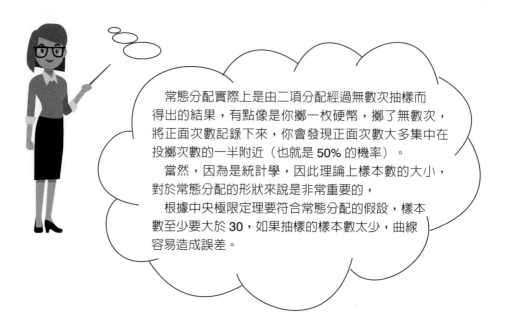

常態分配實際上是由二項分配經過無數次抽樣而得出的結果，有點像是你擲一枚硬幣，擲了無數次，將正面次數記錄下來，你會發現正面次數大多集中在投擲次數的一半附近（也就是 50% 的機率）。

當然，因為是統計學，因此理論上樣本數的大小，對於常態分配的形狀來說是非常重要的，

根據中央極限定理要符合常態分配的假設，樣本數至少要大於 30，如果抽樣的樣本數太少，曲線容易造成誤差。

(3) Beta 分配

貝它分配是有關區間 [0,1] 的機率分配，為了產生伯努利分配或二項分配的母數而被利用的情形居多。Beta 分配取決於母數能柔軟地表現分配，Bayesian 的計算容易，被利用較多的機率分配。

機率密度函數	$Be(X \mid \alpha, \beta) = \dfrac{1}{\beta(\alpha, \beta)} X^{x-1}(1-x)^{\beta-1}$ 其中 B 是 Beta 函數，即 $B(\alpha, \beta) = \displaystyle\int_0^1 t^{x-1}(1-t)^{\beta-1}dt = \dfrac{P(\alpha)P(\beta)}{P(\alpha+\beta)}$ 表示成 $X \sim B_e(\alpha, \beta)$
機率變數之值	$X : 0 \leq X \leq 1$ 的實數
母數	$\alpha, \beta :$ 正的實數
平均與變異數	$E[X] = \dfrac{\alpha}{\alpha+\beta}$, $V[X] = \dfrac{\alpha\beta}{(\alpha+\beta)^2+(\alpha+\beta+1)}$

分配圖例

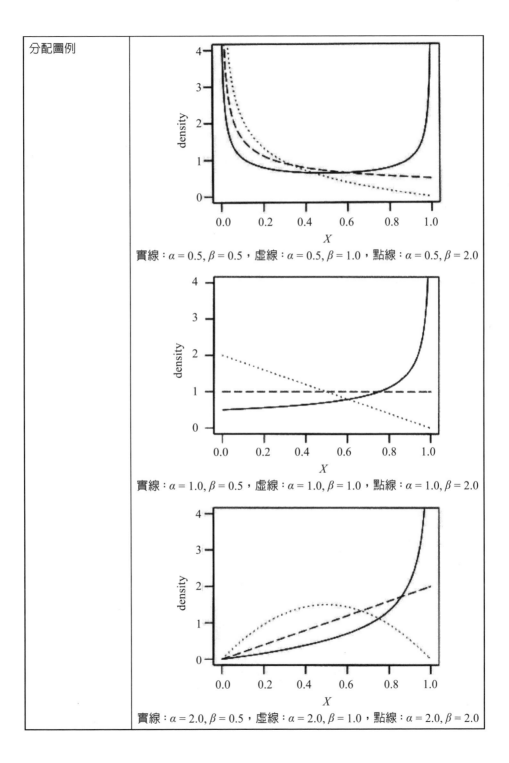

實線：$\alpha = 0.5, \beta = 0.5$，虛線：$\alpha = 0.5, \beta = 1.0$，點線：$\alpha = 0.5, \beta = 2.0$

實線：$\alpha = 1.0, \beta = 0.5$，虛線：$\alpha = 1.0, \beta = 1.0$，點線：$\alpha = 1.0, \beta = 2.0$

實線：$\alpha = 2.0, \beta = 0.5$，虛線：$\alpha = 2.0, \beta = 1.0$，點線：$\alpha = 2.0, \beta = 2.0$

　　由分配圖例可知，對於 Beta 分配的形狀來說，α 與 β 之值相等時，該事件發生與否各為一半，亦即能判讀是公平的。並且，α 與 β 之值不同時，可以判讀出容易出現 1 或 0 之值。像這樣，Beta 分配取決於母數可以柔軟地表現分配。

　　另外，$\alpha = \beta = 1.0$ 的 Beta 分配 $B_e(1, 1)$ 是區間 [0,1] 的連續均勻分配，意謂對於事件發生的機率毫無任何資訊。因此，第 4 章以後要說明的貝氏法中，$B_e(1, 1)$ 當作無資訊事前分配加以利用的甚多。

(4)Gamma 分配

　　伽馬分配是發生率為 $\dfrac{1}{\beta}$ 的事件至 α 次發生為止的等候時間，可應用在人的體重、保險金的支付額、電子零件的壽命上。

機率密度函數	$G_a(x \mid \alpha, \beta) = \dfrac{\beta\alpha}{\Gamma(\alpha)} x^{x-1} exp(-\beta x)$ 其中 Γ 是伽馬函數 $\Gamma(X) = \int_0^\infty t^{x-1} e^{-t}\, dt$ 表示成 $X \sim G_a(\alpha, \beta)$
機率變數之值	X：正的實數
母數	α：正的實數，稱為形狀母數 β：正的實數，稱為尺度母數
平均與變異數	$E[X] = \dfrac{\alpha}{\beta}$, $V[X] = \dfrac{\alpha}{\beta^2}$
分配圖例	 實線：$\alpha = 1.0, \beta = 1.0$，虛線：$\alpha = 5.0, \beta = 1.0$，點線：$\alpha = 10.0, \beta = 1.0$

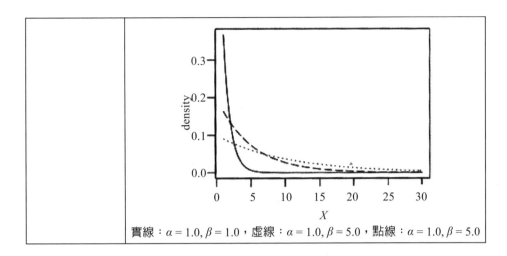

實線：$\alpha = 1.0, \beta = 1.0$，虛線：$\alpha = 1.0, \beta = 5.0$，點線：$\alpha = 1.0, \beta = 5.0$

由分配圖例，可以判讀出形狀母數 α 之值愈大，對平均來說形成左右對稱的分配，尺度母數 β 之值愈大，機率密度變小的速度愈慢，呈現如此的分配，特別是，從形狀母數的性質來看，可以知道當 α 愈大時，伽馬分配能近似於平均 $\mu = \dfrac{\alpha}{\beta}$，標準差 $\alpha = \dfrac{\sqrt{\alpha}}{\beta}$ 的常態分配。

(5) Chi-square 分配

卡方分配是由常態分配求出的機率分配，在統計的推論與假設檢定中經常使用。機率變數 X 是當作服從標準常態分配的機率變數 Z 的平方。

此時，X 服從自由度 1 的卡方分配。

機率密度函數	$X^2(n \mid u) = \begin{cases} \dfrac{1}{2^{\frac{m}{2}}\Gamma\left(\dfrac{m}{2}\right)} x^{\frac{m}{2}-1}\exp\left(-\dfrac{x}{2}\right) & (x>0) \\ \\ 0 & (其他) \end{cases}$ 表示成 $X \sim \chi^2(u)$
機率變數之值	X：正的實數
母數	v：正的整數，稱為自由度
平均與變異數	$E[X] = v, V[X] = 2v$

分配圖例	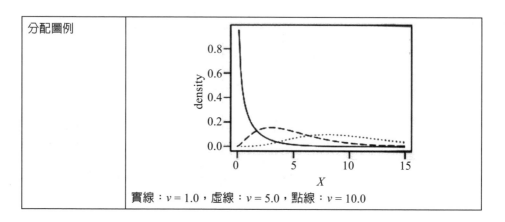
	實線：$v = 1.0$，虛線：$v = 5.0$，點線：$v = 10.0$

　　由分配圖例知，自由度 v 愈大，對平均形成左右對稱的分配。由此性質可知，v 愈大時，卡方分配近似於常態分配。

(6) t 分配

　　t 分配是由常態分配與卡方分配求出的機率分配，在統計推論與假設檢定中經常加以利用。服從標準常態分配的機率變數當作 Z，服從自由度 v 的卡方分配的機率變數當作 S，則

$$X = \frac{Z}{\sqrt{\dfrac{S}{v}}}$$

　　即服從自由度 $v = 1$ 的 t 分配。

機率密度函數	$t(x \mid v) = \dfrac{\Gamma\left(\dfrac{v+1}{2}\right)}{\sqrt{nv}\,\Gamma\left(\dfrac{v}{2}\right)}\left(1 + \dfrac{t^2}{v}\right)^{-\frac{v+1}{2}}$ 表示成 $X \sim t(v)$
機率變數之值	X：實數
母數	v：正的實數，稱為自由度
平均與變異數	$E[X] = 0$（但 $v > 0$），$V[X] = \dfrac{v}{v-2}$

| 分配圖例 | 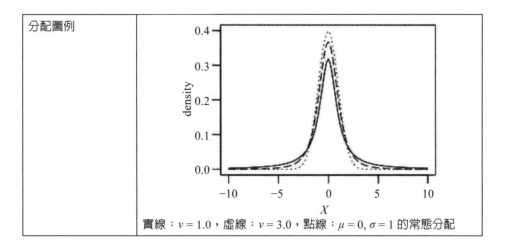 |

實線：$v = 1.0$，虛線：$v = 3.0$，點線：$\mu = 0, \sigma = 1$ 的常態分配

由圖例可知，自由度 v 愈大時，t 分配能近似於常態分配。

另外，t 分配與常態分配的形狀近似，t 分配的機率密度變小的速度較慢為其特徵。

(7) F 分配

F 分配是由卡方分配所求出的機率分配，在統計推論與假設檢定中經常加以利用。2 個機率變數 Y, Z 分別為 $Y \sim X^2(v_1)$，$Z \sim y^2(v_2)$ 時，

$$X = \frac{\dfrac{Y}{v_1}}{\dfrac{Z}{v_2}}$$

服從自由度 (v_1, v_2) 的 F 分配。

機率密度函數	$F(x \mid v_1, v_2) = \dfrac{\Gamma\left(\dfrac{v_1, v_2}{2}\right)\left(\dfrac{v_1}{v_2}\right)^{\frac{v_2}{2}} x^{\frac{v_1}{2}-1}}{\Gamma\left(\dfrac{v_1}{2}\right) P\left(\dfrac{v_2}{2}\right)\left(1 + \dfrac{v_1}{v_2}x\right)^{\frac{v_1+v_2}{2}}}$ 表示成 $X \sim F(v_1, v_2)$
機率變數之值	X：正的實數
母數	v_1：正的實數，稱為自由度 " v_2：正的實線，稱為自由度 "
平均與變異數	$E[X] = \dfrac{v_2}{v_2 - 2}$，$V[X] = \dfrac{2v_2^2(v_1 + v_2 - 2)}{v_1(v_2 - 2)^2(v_2 - 4)}$

分配圖例	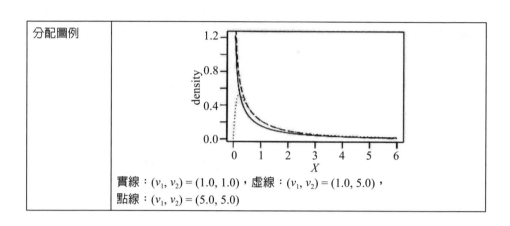

實線：$(v_1, v_2) = (1.0, 1.0)$，虛線：$(v_1, v_2) = (1.0, 5.0)$，
點線：$(v_1, v_2) = (5.0, 5.0)$

2.3 多元機率分配

2.3.1 多元機率分配

對機率變數 X, Y 來說，將此 2 個形成一組 (X, Y) 稱爲二元機率變數。

而且，二元機率變數的機率分配稱爲連和機率分配，各自的機率變數的機率分配稱爲邊際分配。

(1) 機率變數爲離散型機率變數時

將機率變數 X, Y 分別是 $X = x_i$, $Y = y_j$ 的機率 $P(x_i, y_j)$ 定義爲

$$P(x_i, y_j) = f(x_i, y_j) \ (i = 1, 2, \cdots, M; j = 1, 2, \cdots, N)$$

$f(x_i, y_j)$ 稱爲聯合機率質量函數。

聯合機率質量函數因基於公理的定義，有需要滿足以下 2 個性質。

1. $f(x_i, y_j) \geq 0$
2. $\sum_{i=1}^{M} \sum_{j=1}^{N} f(x_i, y_j) = 1$

例

針對 2 個機率變數 X, Y，假定可以得出如下的聯合機率分配。

X ＼ Y	0	1	2	合計
0	1/12	2/12	2/12	5/12
1	2/12	3/12	2/12	7/12
合計	3/12	5/12	4/12	1

譬如，

$$P(X=0, Y=1) = \frac{2}{12} \ , \ P(X=1, Y=1) = \frac{3}{12}$$

就上例來說，X, Y 的邊際機率分配 $g(x_i), h(y_i)$ 分別爲

$g(x_i) =$

$$\begin{cases} f(X=0, Y=0) + f(X=0, Y=1) + f(X=0, Y=2) = \dfrac{1}{12} + \dfrac{2}{12} + \dfrac{2}{12} = \dfrac{5}{12} \ (i=0) \\ f(X=1, Y=0) + f(X=1, Y=1) + f(X=1, Y=2) = \dfrac{2}{12} + \dfrac{3}{12} + \dfrac{2}{12} = \dfrac{7}{12} \ (i=1) \end{cases}$$

$$h(y_i) = \begin{cases} f(X=0, Y=0) + f(X=1, Y=0) = \dfrac{1}{12} + \dfrac{2}{12} = \dfrac{3}{12}(j=0) \\[2mm] f(X=0, Y=1) + f(X=1, Y=1) = \dfrac{2}{12} + \dfrac{3}{12} = \dfrac{5}{12}(j=1) \\[2mm] f(X=0, Y=2) + f(X=1, Y=2) = \dfrac{2}{12} + \dfrac{2}{12} = \dfrac{4}{12}(j=2) \end{cases}$$

換言之，要求出某一方的邊際機率分配，可將另一方的機率變數可能出現之值全部代入聯合機率密度函數 $f(x_i, y_i)$ 求出和。一般表示為

$$g(x_i) = \sum_{j=1}^{N} f(x_i, y_j)$$

$$h(y_i) = \sum_{i=1}^{M} f(x_i, y_j)$$

(2) 機率變數 X, Y 為連續型變數時，

X 在 a 以上 b 以下，Y 在 c 以上 d 以下的機率 $P(a \leq X \leq b, c \leq Y \leq d)$ 定義為

$$P(a \leq X \leq b, c \leq Y \leq d) = \int_a^b \int_c^d f(x,y)dxdy$$

函數 $f(x, y)$ 稱為聯合機率密度函數。聯合機率密度函數 $f(x, y)$ 如以下圖形形成曲面。並且，$\int_a^b \int_c^d f(x,y)dxdy$ 是求出範圍在 $a \leq X \leq b$, $c \leq Y \leq d$ 的曲面 $f(x, y)$ 的體積。

聯合機率密度函數基於公理性的定義，因之有需要滿足以下 2 個性質。

1. $f(x, y) \geq 0$
2. $\int_{-\infty}^{\infty} \int_{-\infty}^{-\infty} f(x,y)dxdy$

另外，邊際機率分配 $h(x)$, $g(y)$ 是將聯合機率密度函數 $f(x, y)$ 之中某一方

的變數進行積分計算即可求生。換言之，

$$g(x) = \int_{-\infty}^{\infty} f(x, y)dy$$

$$h(y) = \int_{-\infty}^{\infty} f(x, y)dx$$

2.3.2 多元機率分配的獨立性

就機率變數 $X,\ Y$ 來說，聯合機率質量函數或聯合機率密度函數當作 $f(x,\ y)$，邊際機率分配當作 $g(x),\ h(y)$。此時，所謂 X 與 Y 獨立，可定義為 $f(x,\ y) = g(x)h(y)$

試將此獨立的定義擴張成 n 元機率分配。就機率變數 $X_1,\ X_2,\ \cdots,\ X_n$ 而言，設聯合機率質量函數成聯合機率密度函數為 $f(x_1,\ \cdots,\ x_n)$，邊際機率分配設為 $g_1(x_1),\ \cdots,\ g_n(x_n)$。

此時，$x_1,\ \cdots,\ x_n$ 相互獨立，即定義為

$$f(x_1,\ \cdots,\ x_n) = g_1(x_1),\ g_2(x_2),\ \cdots,\ g_n(x_n)$$

另外 $x_1,\ x_2\ \cdots,\ x_n$，的邊際機率分配均相同時，當

$$f(x_1,\ \cdots,\ x_n) = g_1(x_1),\ g_2(x_2),\ \cdots,\ g_n(x_n)$$

成立時，$x_1,\ \cdots,\ x_n$ 稱為 i.i.d。在統計推論與假設檢定中常被設定。

2.3.3 代表性的多元機率分配

(1) 多項分配

以 k 個機率變數 $x_1,\ \cdots,\ x_n$ 為元素所具有的機率向量 $(x_1,\ \cdots,\ x_K)^\tau = X$ 在試行次數 n，發生機率向量 $\vartheta = (\theta_1,\ \cdots,\ \theta_K)^\tau$ 時，機率向量服從多項分配。另外，T 是表示矩陣的轉置。

機率密度函數	$M_n(X \mid n, \theta) = \dfrac{n!}{X_1!\ X_2!\ \cdots X_n!}\theta_1^{X_1}\theta_2^{X_2}\cdots\theta_n^{X_n}$ 表示成 $X \sim M_n(n, \theta)$。
機率變數之值	X：個元素為 $0, 1, \cdots, n$ 之中的任一整數 其中 $\sum_{i=1}^{K} X_i = n,\ K$ 為 2 以上的整數
母數	n：正的整數 Q：各元素均為 $Q_i \geq 0,\ \sum\limits_{i=1}^{K} Q_i = 1$
平均與變異數	$E[X_i] = n\theta_i,\ V[X_i] = nQ_i(1 - \theta_i)$

　　譬如，張先生在某次的競技中獲勝的機率為 0.5，不勝不輸的機率為 0.3，輸的機率為 0.2，此競技共 10 次，此時張先生的成績 X 即為 $X \sim M_n$ (10, 0.5, 0.3, 0.2)。

(2) 多變量常態分配
　　將常態分配擴張成多元的聯合機率分配稱為多變量常態分配。

機率密度函數	以 K 個機率變數 $x_1, \cdots, x_K$ 為元素所具有的機率向量 $(x_1, \cdots, x_K)^\tau = X$，平均項量 $\mu = (\mu_1, \cdots, \mu_K)^\tau$，$K \times K$ 的正定值對稱矩陣 $\Sigma = (\sigma_{ij})_{ij}$，$$\text{MultiNormal}(X \mid \mu, \Sigma) = \frac{1}{(2\pi)^{\frac{K}{2}}\sqrt{1\Sigma1}} \exp\left[-\frac{1}{2}(x-\mu)^\tau \Sigma^{-1}(x-\mu)\right]$$ 其中 $\mid\Sigma\mid$ 是 Σ 的行列式。 表示成 $X \sim \text{MultiNormal}(\mu, \Sigma)$。
機率變數之值	X：各元素為實數
母數	μ：各元素為實數 Σ：所有的特徵值均為正的實數
平均與變異數	$E[X] = \mu$, $V[X] = \Sigma$

2.4 統計推論與假設檢定的基本定理

本章的最後，針對統計推論與假設檢定的 3 個基本定理，分別是「柴比謝夫不等式」、「大數法則」、「中央極限定理」加以說明。

2.4.1 柴比謝夫不等式

機率變數 X 的期望值為 μ，變異數為 τ^2 時，當 k 為正的實數時，下式成立，即 $P(|X - \mu| \geq k\sigma) \leq \dfrac{1}{k^2}$

此式稱為柴比謝夫不等式（Chebyshev's inequality）。此不等式的意義是機率變數 X 取值在偏離其望值為 $k\sigma$ 以上時的機率是 $\dfrac{1}{k^2}$ 以下。

例

$k = 1, 2, 3$ 的柴氏不等式為

$$P(|X - \mu| \geq k\sigma) \leq \frac{1}{k^2} = \begin{cases} 1(k=1) \\ 0.25(k=2) \\ 0.11(k=3) \end{cases}$$

如注意 $k = 3$ 時，機率變數 X 取值在偏離期望值達 3σ 以上的機率為 0.11；即可如此解讀。

2.4.2 大數法則

機率變數 $x_1, \cdots, x_n$ 是 i.i.d, $E[X_i] = \mu$, $V[X_i] = \sigma^2$, $\overline{X} = \dfrac{1}{n}\Sigma_{i=1}^{n} X_i$，則下是成立，即

$$\lim_{n \to \infty} \overline{X} = \mu$$

此事稱為大數法則（law of large numbers）

大數法則是在 i.i.d 之下，數據個數愈多，機率變數 $x_1, \cdots, x_n$ 的的平均 $\overline{X}$ 收斂於機率分配的期望值 μ。

2.4.3 中央極限定理

機率變數 $x_1, \cdots, x_n$ 是 i.i.d，$E[X_i] = \mu$, $V[X_i] = \sigma^2$ 時，就 $\overline{X} = \frac{1}{n}\Sigma_{i=1}^{n}X_i$，

$$\lim_{n \to \infty} \frac{\overline{x} - \mu}{\sqrt{\dfrac{\sigma^2}{n}}} \sim N(0, 1)$$

是成立的，此事稱為中央極限定理（central limit theorem）。

中央極限定理意指在 i.i.d 之下，數據數愈多，將機率變數 $x_1, \cdots, x_n$ 的平均 $\overline{X}$ 加以標準化之後即服從常態分配。

第 3 章
推論統計

本章內容

3.1 記述統計與推論統計

　　統計學中成為研究對象或關心的群體稱為母體。對於整個母數來說，求出第 1 章所說明的基本統計量以記述其特徵，即為記述統計（Descriptive Statistics）。但針對整個母體去調查要花費甚大的時間與費用，現實中大多不易。譬如，將母體當作大學生，調查睡眠時間的情形，大約調查約 200 萬人的大學生是非常困難的事情。

　　調查整個母體不易時，抽出母體的一部分（抽樣），從所得到的數據（樣本）求出推測母體特徵的估計量。此種統計稱為推論統計（Inferential Statistics）。成為目前社會科學研究的基礎。如以圖示表現記述統計與推論統計時，即為下圖。

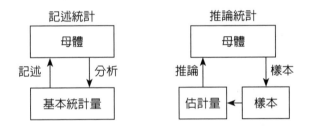

3.1.2 推論統計

　　推論統計大略分成估計與假設檢定。估計示求出感興趣的母數之值，可再分為以 1 個值評估母數的點估計，以及以一個區間估計母數的範圍的區間估計。另一方面，所謂假設檢定是建立有關母數的假設，從所得到的數據評估假設。

　　以下，分別簡要地說明點估計、區間估計、假設檢定，在此之前先就它們共同的重要概念加以說明，樣本 $(x_1, \cdots, x_n)^T = X$ 的函數 $T(X)$ 稱為統計量，它的機率分配稱為樣本分配。估計中所使用的統計量稱為估計量，以 $\hat{\theta}(X)$ 表示。另外，從樣本 X 的實現值 $(x_1, \cdots, x_n)^T = X$ 所計算的統計量稱為估計值，以 $\hat{\theta}(X)$ 表示。

3.2 點估計

3.2.1 點估計的方法

　　點估計有最大概似法以及第 4 章以後所探討的貝氏法等種種方法。以下，提出具有代表性方法之一的最大概似法（Maximum Likelihood），說明點估計具體上是如何的方法。

　　最大概似法是指由數據所得到的機率使之成為最大的母數當作估計值的方法。樣本 $x_1, \cdots, x_n$ 的實現值當作 $(x_1, \cdots, x_n)^T = X$，母數當作 θ，機率密度函數當作 $f(x|\theta)$ 時，$f(x|\theta)$ 是 x 與作 θ 的函數。此處，將 $f(x|\theta)$ 視為 θ 的函數，

$$L(x|\theta) = f(x|\theta)$$

稱為概似函數（likelihood function）。此概似函數 $L(\theta|x)$ 是當母數 θ 已知時，樣本的實現值所得到的機率，即想成是 θ 的函數。

　　並且，當 x 為 i.i.d 時，

$$L(\theta|x) = f(x_1|\theta) \cdot f(x_2|\theta) \cdots f(x_n|\theta)$$

　　此時，使 $L(\theta|x)$ 成為最大 θ 值的 $\hat{\theta}(x)$ 稱為最大概似值，$\hat{\theta}(X)$ 稱為最大概似量。

例

　　將某硬幣投擲 6 次的結果，假定是 { 正 , 正 , 反 , 正 , 反 , 正 }。此時，利用最大概似法求出硬幣出現正面的機率。

　　投擲硬幣的試行因為是伯努利試行，因之出現正面的機率當作 π 時，服從

$$f(x|\pi) = \pi^x (1 - \pi)^{1-x}$$

因之，此時的概似函數即為

$$L(\pi|x) = f(x_1 = 1|\pi) f(x_2 = 1|\pi) f(x_3 = 0|\pi) f(x_4 = 1|\pi)$$
$$f(x_5 = 0|\pi) f(x_6 = 1|\pi) = \pi^4 (1 - \pi)^2$$

$L(\pi|x) = \pi^4 (1 - \pi)^2$ 的圖形成為如下，$\pi = \dfrac{2}{3}$ 時成為最大。

　　因之，正面出現機率 π 的最大概似估計值是 $\pi = \dfrac{2}{3}$。

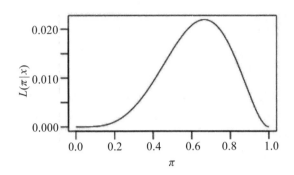

3.2.2 估計量的理想性質

以評估估計量準確度的觀點來說，以下就估計量具有的理想性質此即不偏估計量與一致估計量加以說明。

(1) 不偏估計量

母數設為 θ，其估計量設為 $\hat{\theta}(X)$，當滿足

$$E[\,\hat{\theta}(X)\,] = 0$$

時，估計量 $\hat{\theta}(X)$ 稱為不偏估計量。亦即，不偏估計量意指估計量 $\hat{\theta}(X)$ 的期望值與母數 θ 一致，以 θ 為中心形成分配。

例

就樣本 $x_1, \cdots, x_n$ 來說，樣本平均設為 $\bar{x}$，樣本變異數設為 S^2，亦即

$$\bar{x} = \frac{1}{n}(x_1, \cdots x_n)$$

$$S^2 = \frac{1}{n}\{(x_1 - \bar{x})^2 + \cdots + (x_n - \bar{x})^2\}$$

當 X 為 i.i.d 服從 $N(\mu, \sigma)$ 時，可得知

$$E(\bar{x}) = \mu$$

$$E[S^2] = \frac{n-1}{n}\sigma^2$$

換言之，樣本平均 $\bar{x}$ 的不偏估計量是 μ，樣本變異數 S^2 的不偏估計量為 $\frac{n-1}{n}\sigma^2$。

(2) 一致估計量

　母數設爲 θ，它的估計量設爲 $\hat{\theta}(X)$，當滿足

$$\lim_{n \to \infty} P\{(\hat{\theta}(X) - \theta) < \varepsilon\} = 0 \quad (\varepsilon \text{ 爲任意的常數})$$

時，估計量 $\hat{\theta}(X)$ 稱爲一致估計量。亦即，一致估計量是當增加樣本的大小 n 時，意指估計量 $\hat{\theta}(X)$ 收斂於母數 θ。

　並且，以估計量的準確度的指標來說，有均方誤差。均方誤差當作

$$MSE[\theta, \hat{\theta}(X)] = E[(\hat{\theta}(X) - \theta)^2]$$

　換言之，均方誤差意指估計量與母數之差的平方的期望值。將此均方誤差展開時，可得知

$$MSE[\theta, \hat{\theta}(X)] = (E[\hat{\theta}(X)] - \theta)^2 + V[\hat{\theta}(X)]$$

此 $E[\hat{\theta}(X)] - \theta$ 稱爲偏差（Bias），不偏估計量的情形即爲 0。估計量的變異數 $V[\hat{\theta}(X)]$ 的正平方根 $\sqrt{V[\hat{\theta}(X)]}$ 稱爲標準差，意指估計量的分散程度。

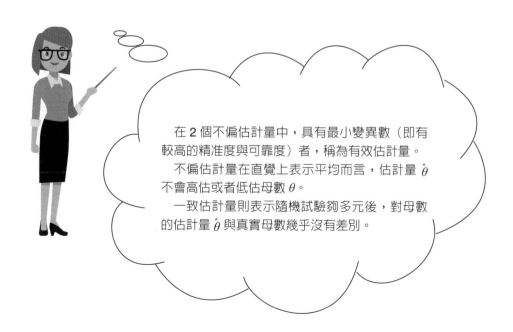

　　在 2 個不偏估計量中，具有最小變異數（即有較高的精准度與可靠度）者，稱為有效估計量。

　　不偏估計量在直覺上表示平均而言，估計量 $\hat{\theta}$ 不會高估或者低估母數 θ。

　　一致估計量則表示隨機試驗夠多元後，對母數的估計量 $\hat{\theta}$ 與真實母數幾乎沒有差別。

3.3 區間估計

3.3.1 區間估計的方法

母數 θ 包含在區間 $[L,U]$ 之中的機率爲 $1-\alpha$ 而估計 L, U 一事稱爲區間估計。換言之，所謂區間估計，是在機率 $1-\alpha$ 事先決定之後，求出滿足下式：

$$P(L \le \theta \le U) = 1 - \alpha$$

的 L, U。$1-\alpha$ 稱爲信賴係數，區間 $[L,U]$ 稱爲 $100(1-\alpha)\%$ 信賴區間，L 稱爲信賴下限，U 稱爲信賴上限。另外，習慣上 α 使用 0.001 或 0.01, 0.05。

$100(1-\alpha)\%$ 信賴區間並非是母數 θ 在 $100(1-\alpha)\%$ 的機率下所包含的區間 $[L,U]$，而是意指「重複估計信賴區間，其中有 $100(1-\alpha)\%$ 次是包含母數 θ 的區間」。

例

就 $\alpha = 0.05$ 亦即 95% 信賴區間確認其意義。95% 信賴區間並非是母數 θ 在 95% 的機率下的區間，而是意指「重複估計信賴區間，其中有 95% 次是包含母數 θ 的區間 $[L,U]$」。換言之，95% 信賴區間是重複 100 次估計信賴區間，其中 95 次母數包含在區間 $[L,U]$（相反的，20 次中有 1 次不包含）。

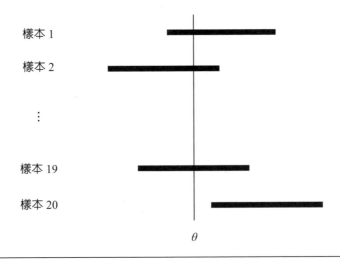

樣本 1

樣本 2

⋮

樣本 19

樣本 20

θ

3.3.2　區間估計的具體例

為了理解區間估計的實際情形，就母平均的區間估計加以說明作為具體例。樣本 $x_1, \cdots, x_n$ 是 i.i.d 服從 $N(\mu, \sigma)$ 時，樣本平均 $\bar{x}$ 可知即為下式，

$$\bar{x} \sim N\left(\mu, \frac{\sigma}{\sqrt{n}}\right)$$

將此標準化時，

$$\frac{\bar{x} - \mu}{\frac{\sigma}{\sqrt{n}}} \sim N(0, 1)$$

此處，就 $N(0, 1)$ 來說，比 $Z_{\frac{\alpha}{2}}$ 大的機率是 $\frac{\alpha}{2}$ 時，如圖所示，

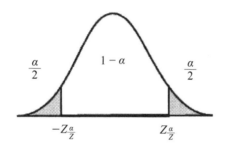

$N(0, 1)$ 因為是對平均 0 形成左右對稱的機率分配，因之 $-Z_{\frac{\alpha}{2}}$ 未滿的機率也是 $\frac{\alpha}{2}$。而且，$-Z_{\frac{\alpha}{2}}$ 以上 $Z_{\frac{\alpha}{2}}$ 以下的機率是 $1 - 2 \times \frac{\alpha}{2} = 1 - \alpha$，因之

$$P = \left(-Z_{\frac{\alpha}{2}} \leq \frac{\bar{x} - \mu}{\frac{\sigma}{\sqrt{n}}} \leq Z_{\frac{\alpha}{2}}\right) = 1 - \alpha$$

$$P = \left(\bar{x} - Z_{\frac{\alpha}{2}} \frac{\sigma}{\sqrt{n}} \leq \mu \leq \bar{x} + Z_{\frac{\alpha}{2}} \frac{\sigma}{\sqrt{n}}\right) = 1 - \alpha$$

例

乳酪麵包 5 個所含的乳酪量分別是 12g, 15g, 12g, 16g, 11g 時，在區間估計乳酪量的母平均 μ。乳酪量的標準差知是 $\sigma = 0.5$ 時，母平均 μ 的 95% 信賴區間為

$$13.2 - Z_{\frac{0.05}{2}}\frac{0.5}{\sqrt{5}} < \mu < 13.2 + Z_{\frac{0.05}{2}}\frac{0.5}{\sqrt{5}}$$

$$Z_{\frac{0.05}{2}} = -Z_{0.025} = 1.96，$$

因之母平均 μ 的 95% 信賴區間為 [12.76, 13.64]。

3.4 假設檢定

3.4.1 假設檢定的方法

假設檢定是針對所關心的母數建立假設，從所得到的數據評估假設。類似「反認法」，即有先假設某命題成立，然後推理出明顯矛盾的結果，從而下結論說原假設不成立，因而原命題得證。反證法是基於如下的想法。

1. 證明命題「是 A」。
2. 假定否定的命題「並非是 A」。
3. 發現「並非 A」的假定有矛盾，予以否定。
4. 得以證明「是 A」。

另一方面，假設檢定的想法如下。

1. 證明「母平均是與 μ 不同」。
2. 假設「母平均與 μ 相同」。
3. 從所得到的數據發現「母平均與 μ 相同」的假設有矛盾，然後予以否定。
4. 得以證明「母平均與 μ 不同」。

反證法與假設檢定最大的不同，在於 3. 的步驟。具體言之，反證法是導出數學上的矛盾，而假設檢定是依據所得到的數據從機率的觀點推導出矛盾。假設檢定是基於機率進行判斷，因之犯錯的可能性是有的。

以下就假設檢定的實際步驟加以說明。以圖表示假設檢定的步驟時，即為如下，

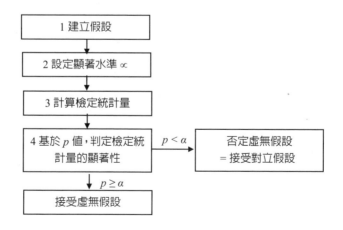

步驟 1　建立假設

在假設檢定中要建立稱為「虛無假設」與「對立假設」2 種的假設。所謂虛無假設像是「母平均是 $\mu = 0$」，想加以否定，「想歸於無」的假設，表示成 H_0。另一方面，所謂對立假設像是「母平均並非是 $\mu = 0$」，與虛無假設相反的假設，以 H_1 表示。

另外，對立假設可大略分成雙邊對立假設與單邊對立假設。雙邊對立假設像是「母平均並非是 $\mu = 0$」，指母數與某值是否不同的對立假設。另一方面，所謂單邊對立假設像是「母平均 $\mu > 0$ ($\mu < 0$)」，母數是否比某值大（小）的對立假設。並且，使用各別的對立假設的假設檢定稱為雙邊檢定或單邊檢定。

虛無假設	雙邊對立假設	單邊對立假設
母平均 $\mu = 0$	$\mu \neq 0$	$M > 0$ or $\mu < 0$
二組的母平均 $\mu_A = \mu_B$	$\mu_A \neq \mu_B$	$\mu_A > \mu_B$ or $\mu_A < \mu_B$
母相關係數 $P = 0$	$P \neq 0$	$P > 0$ or $P < 0$

步驟 2　設定顯著水準

針對虛無假設與對立假設判斷，有可能犯下 2 種錯誤，稱為第 1 型錯誤與第 2 型錯誤。所謂第 1 型錯誤是對立假設是錯的卻採納對立假設的錯誤，也稱為偽陽性。亦即，「錯誤地把想被否定的假設，說成是正確的」即為第 1 型錯誤，也稱為偽陰性，亦即，「錯誤地把想被肯定的假設說成是錯誤的」，即為第 2 型錯誤。犯第 1 型錯誤的機率設為 α，犯第 2 型錯誤的機率設為 β，可整理成下表。

分析者 ＼ 事實	H_1 為真	H_1 為假
H_1 為真	正確判斷 $1 - \beta$	第 1 型錯誤 α
H_1 為假	第 2 型錯誤 β	正確判斷 $1 - \alpha$

犯第 1 型錯誤的機率 α 稱為顯著水準，意指「錯誤地把想被否定的假設都說成正確的機率」。顯著水準 α 習慣上多使用 0.001，0.01，0.05。

並且，機率 $1 - \beta$ 稱為檢定力，意指「正確斷言想被肯定的假設之機

率」。近年來的研究中，檢定力的重要性常被指出，依據檢定力設計實驗或調查也在增加。提高檢定力 $1-\beta$，最好是減少顯著水準 α，或增加樣本的大小。

步驟 3　計算檢定統計量

用於假設檢定的統計量稱為檢定統計量，表示成 T。在以下的階段，對應 H_0 下的機率分配，在 H_0 下可求出檢定統計量所得出的機率。

步驟 4　基於 p 值，判定檢定統計量的顯著性

H_0 為眞時的檢定統計量的機率分配稱為虛無分配。在虛無分配中 α 未滿的機率出現的範圍稱為否定域，否定域以外的範圍稱為接受域，否定域與接受域分界之值稱為臨界值。否定域、接受域、臨界值如下圖所示。

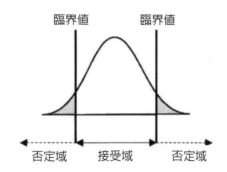

接著，檢定統計量落在否定域時，想成是發生了與 H_0 矛盾的事情，故否定 H_0，接受 H_1。此事稱為「在顯著水準 α 下是顯著的」。

另外，在此階段經常使用的指標，有 p 值。P 值是在虛無分配之下得出檢定統計量 T 的實現值 t 的機率。可定義成

- 單邊檢定：$P(T \geq t \mid H_0)$ or $P(T \leq t \mid H_0)$
- 雙邊檢定：$2\min\{P(T \geq t \mid H_0), P(T \leq t \mid H_0)\}$

P 值因為是誤用甚多的指標，禁止使用的研究領域近年來也出現。其中，美國統計學會在 2016 年 3 月提示出有關 p 值的 6 個準則。6 個準則說明如下。

1. P 值是數據與特定的統計模式（虛無假設）不整合到何種程度的指標。
2. P 值並非研究的假設正確的機率，或數據並非偶然被得出的機率。
3. P 值本身並未提供模型或假設良好的證據
4. P 值或統計上的顯著性，並非測量效果的大小或結果的重要性。
5. 在科學、經營、政策上，p 值是否達到一定之值並非應該進行判定。
6. 適切的推測可求得充足的報告與明確程度。

3.4.2　假設檢定的具體例

為了理解假設檢定的實際情形，就母平均的檢定來說明作為它的具體例。

例

在某種課程的講習會上有 20 位大學生聽課之後，考試的平均分數是 65 分，標準差是 10 分。未在講習會上聽課的學生，考試的平均分數是 55 分，標準差是 10 分。此時，有聽課與未聽課的學生，在考試的平均分數上是否不同，以顯著水準 5% 去進行檢定。

有聽課的學生的考試分數其母平均設為 μ。

步驟 1

$$H_0 : \mu = 55$$
$$H_1 : \mu \neq 55$$

步驟 2

$$\alpha = 0.05$$

步驟 3

檢定統計量設為 Z，標本平均設為 $\overline{X}$，得知在 H_0 之下，

$$Z = \frac{\overline{X} - \mu}{\frac{\sigma}{\sqrt{n}}} \sim N(0, 1)$$

檢定統計量的實現值設為 z，則

$$z = \frac{65 - 55}{\frac{10}{\sqrt{20}}} \doteq 4.47$$

步驟 4

否定域是 $Z_{\frac{\alpha}{2}} = Z_{0.0025} = 1.96$，因之否定 H_0，接受 H_1。亦即，此事說明有聽課的學生在 5% 顯著水準下其考試的平均分數，顯著地比 55 分高。

第 4 章
貝氏統計法

本章內容

4.1 貝氏定理

4.1.1 何謂貝氏定理

以下就本書的主題「貝葉斯（Bayes）簡稱貝氏」加以說明，首先，就貝氏定理加以說明。

x 與 y 的聯合機率 $p(x, y)$ 是

$$p(x, y) = p(x|y)p(y) \tag{1}$$
$$p(x, y) = p(y|x)p(x) \tag{2}$$

此處，將 (2) 式代入 (1) 式，

$$p(y|x)p(x) = p(x|y)p(y)$$
$$p(y|x) = \frac{p(x|y)p(y)}{p(x)} \tag{3}$$

此 (3) 式稱爲貝氏定理。在貝氏定理中，「當 x 已知時，y 發生的機率 $p(y|x)$」可從「y 已知時，x 發生的機率」、「y 發生的機率 $p(y)$」「x 發生的機率」求出。

在貝氏定理中，y 是關心的母數，x 是數據。$p(y)$ 是事前決定出母數所得出的機率，稱爲事前機率。$p(x|y)$ 是母數已知時數據所得出的機率，換言之，是有關母數可能性的機率，稱爲概似。$p(x)$ 是數據所得出的機率，稱爲常態化常數。$p(y|x)$ 是數據得出後所求出的機率，稱爲事後機率。

4.1.2 貝氏定理的具體例

爲了加深理解貝氏定理，試著應用貝氏定理解決問題。

(1) 男生或女生問題

某一家庭有 2 位小孩，知其中一位是男生。此時，求另一位也是男生的機率（但是，男孩與女孩的出生機率分別當作 $\frac{1}{2}$）。2 位小孩中一位是男生設爲 x，兩位均爲男生設爲 y，所求的機率即爲

$$p(y|x) = \frac{p(y|x)p(y)}{p(x)}$$

長子　次子

$$\begin{cases} 男 & \begin{cases} 男 & (男,男) \\ 女 & (男,女) \end{cases} \\ 女 & \begin{cases} 男 & (女,男) \\ 女 & (女,女) \end{cases} \end{cases}$$

由上圖知，$p(x|y) = 1,\ p(y) = \frac{1}{4}$，$p(x) = \frac{3}{4}$，因之

$$p(y|x) = \frac{p(x|y) \cdot p(y)}{p(x)} = \frac{1 \times \left(\frac{1}{4}\right)}{\frac{3}{4}} = \frac{1}{3}$$

(2) 檢查是陽性時感染的機率

A 國感染某疾病的機率是 0.01 。經檢查假定感染的人判定是陽性的機率（眞陽性率）是 98%，未感染的人判定是陽性的機率（僞陽性率）是 1%。此時，經檢查是陽性時求感染的機率。感染設爲 y，未感染設僞 $\bar{y}$，是陽性設爲 x，所求的機率爲

$$p(y|x) = \frac{p(x|y) \cdot p(y)}{p(x)}$$

$$陽性\ (x) \begin{cases} 感染\ (y) & 0.0001 \times 0.98 = 0.000098 \\ 未感染\ (\bar{y}) & 0.9999 \times 0.01 = 0.009999) \end{cases}$$

$$陽性\ (\bar{x}) \begin{cases} 感染\ (y) \\ 未感染\ (\bar{y}) \end{cases}$$

由上圖知，$p(x|y) = 0.98,\ p(y) = 0.0001,\ p(x) = 0.000098 + 0.009999 = 0.010097$，因之，

$$p(y|x) \doteqdot 0.097(9.7\%)$$

儘管眞陽性率是 98%，經檢查是陽性時感染的機率約爲 9.7% 爲此感到吃驚的人也許也有（而且，由此結果，認爲檢查本身無效的人或許也有）。得出此種結果，是因爲事前機率 $p(y)$ 爲 0.01% 甚低之故。

現在，假定 $p(y)$ 是 1% 時，

$$p(y|x) \doteqdot 0.4950(49.50\%)$$

機率變高，像這樣，取決於事前機率的值，事後機率之值會有甚大改變，是貝氏定理的特徵之一。

4.2 貝氏統計法

4.2.1 何謂貝氏統計法

所謂貝氏統計法是利用貝氏定理的想法估計所關心之母數的方法。樣本 $X, \cdots, X_n$ 的實現值設為 $(x_1, \cdots, x_n)^T = x$，母數設為 θ，機率密度函數（離散型機率變數時是機率質量函數）設為 $f(x|\theta)$。此時，由貝氏定理知即為

$$f(\theta|x) = \frac{f(x|\theta) f(\theta)}{f(x)} \tag{4}$$

此處，(4) 式的分母 $f(x)$ 是將 $f(x, \theta)$ 針對 θ 經積分計算可以求出。亦即，

$$f(x) = \int f(x, \theta) \, d\theta = \int f(x|\theta) f(\theta) d\theta \tag{5}$$

於 (4) 式的分母中代入 (5) 式，即成為

$$f(\theta|x) = \frac{f(x|\theta)}{\int f(x|\theta) f(\theta) d\theta} \tag{6}$$

對此 (6) 式來說，$f(\theta)$ 是 x 得出之前 θ 的機率分配，因之稱為事前分配，$f(\theta|x)$ 是 x 得到之後 θ 的機率分配，因之稱為事後分配。另外，$f(x|\theta)$ 稱為概似函數，$\int f(x|\theta) f(\theta) d\theta$ 稱為常態化常數。

常態化常數 $\int f(x|\theta) f(\theta) d\theta$ 如其名是「常數」，因之事後分配 $f(\theta|x)$ 想成是與概似函數 $f(x|\theta)$ 與事前分配 $f(\theta)$ 成比例，可以表示成

$$f(\theta|x) \propto f(x|\theta) f(\theta)$$

亦即，貝氏統計法是將所關心的母數 θ 的事後分配 $f(\theta|x)$，從概似函數 $f(x|\theta)$ 與事前分配 $f(\theta)$ 求出，成為推測 θ 的方法。

例

樣本 $X_1, \cdots, X_n$ 的實現值 $(x_1, \cdots, x_n)^T = x$ 是 i.i.d 服從伯努利分配時，即為

$$f(x|\theta) = f(x_1|\theta) \cdots f(x_n|\theta) = \prod_{i=1}^{n} \theta^{x_i}(1 - \theta)^{1 - x_i}$$

此處，假定 θ 服從 Beta 分配 $B_e(a, b)$ 時，事前分配 $f(\theta)$ 即為

$$f(\theta) = \frac{1}{B_e(a, b)} \theta^{a - 1}(1 - \theta)^{b - 1}$$

此時，事後分配 $f(\theta|x)$ 得知為

$$f(\theta|x) = B_e\left(a\sum_{i=1}^{n}x_i, b+n-\sum_{i=1}^{n}x_i\right)$$

以具體例來說，推測某家電的擁有率 θ。向 10 人打聽之後，假定有 3 人擁有該家電。假定事前分配 $f(\theta)$ 服從 $B_e(1, 1)$ 時，事後分配 $f(\theta|x)$ 即爲

$$f(\theta|x) = B_e(1+3, 1+10-3) = B_e(4, 8)$$

$B_e(4, 8)$ 的機率分配其形狀如下圖：

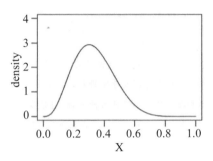

求出所關心的母數的事後分配 $f(\theta|x)$ 之後，基於該分配可以進行點估計、區間估計、假設檢定。以下，分別說明。

4.2.2 利用貝氏統計法的點估計

以貝氏統計法的代表性的點估計量來說，有 EAP（expected a posterior）估計量與 MAP（maximum a posterior）估計量。

(1) EAP 估計量

使用 θ 的事後分配 $f(x|\theta)$ 的期待值所表示的點估計量，定義爲

$$\hat{\theta}_{EAP} = \int \theta f(\theta|x)\,d\theta$$

θ 的點估計量當作 $\hat{\theta}$，母數與點估計量之差的平方使平方損失的期待值成爲最少即爲 EAP 估計量。

$$\int |\theta - \hat{\theta}|^2 \cdot f(\theta|x)\,d\theta$$

(2) MAP 估計量

使用 θ 的事後分配 $f(\theta|x)$ 的眾數所表示的點估計量，定義爲

$$\hat{\theta}_{MAP} = \operatorname{argmax} f(\theta|x)$$

例

就先前家電的擁有率來說

$$\hat{\theta}_{EAP} = \frac{4}{4+8} = \frac{4}{12} \fallingdotseq 0.33$$

$$\hat{\theta}_{MAP} = \frac{4-2}{4+8-2} = \frac{3}{10} \fallingdotseq 0.3$$

4.2.3 利用貝氏統計法的區間估計

利用貝氏統計法的區間估計是使用信用區間（credible interval）。
100$(1-\alpha)$% 信用區間 $[L,U]$ 被定義成

$$\int_L^U f(\theta|x)d\theta = 1-\alpha$$

換言之，100$(1-\alpha)$%信用區間是指「母數 θ 被包含的機率成為100$(1-\alpha)$%的區間 $[L,U]$」，與「信賴區間」是不同的。

列舉信用區間 $[L,U]$ 的代表性手法有 ETI（equal-tailed interval：等尾區間）與 HPDI（Hyper posterior density interval：最高事後密度區間）兩種。

(1) ETI

從 $\int_L^U f(\theta|x)$ 的兩端挖空機率 $\frac{\alpha}{2}$ 的面機後的區間。與 HPDI 不同，求法簡單，當形成左右對稱的機率分配時是有效的。

注：① argmax 是指「提供最大值之值的集合」。
　　② 100$(1-\alpha)$% 信用區間是「重複信賴區間的統計，其中 100$(1-\alpha)$% 包含母數的區間 $[L,U]$」。

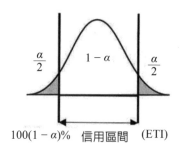

$$\frac{\alpha}{2} \qquad 1-\alpha \qquad \frac{\alpha}{2}$$

100$(1-\alpha)$%　信用區間　　(ETI)

　　但 ETI 是從兩端挖掉機率 $\frac{\alpha}{2}$ 的面積後的區間，因之當並非左右對稱的機率分配時，有可能不包含 MAP 估計量。其例如下所示。

註 1：argmax 是一種函數，是對函數求參數（集合）的函數。當我們有另一個函數 $y = f(x)$ 時，若有結果 $x0 = \text{argmax}(f(x))$，則表示當函數 $f(x)$ 取 $x = x_0$ 的時候，得到 $f(x)$ 取值範圍的最大值。

註 2：一個常態化常數（Normalizing constant）是對於任何非負函數的任意區間所含有之常數使得該函數對於一特定區間之積分恰好等於 1。通常加入該常數之目的為將該函數轉變為一機率密度函數或機率質量函數。

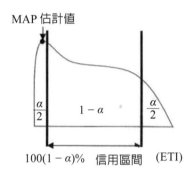

(2) HPDI

　　HPDI 是滿足以下 2 個條件所取出的區間。

1. 包含區間的機率是 $1 - \alpha$
2. 區間內比區間外的密度較大

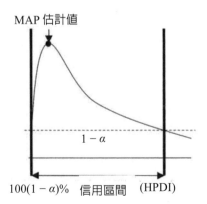

HPDI 因為是區間內比區間外的密度大，因之與 ETI 不同，必然包含 MAP 估計量，在不是左右對稱的機率分配中也是有效的。

例

就先前家電擁有率來說，$\alpha = 0.05$，亦即求 95% 信用區間即為

$$ETI = [0.110, 0.610], \; HPDI = [0.093, 0.588]$$

4.2.4 利用貝氏統計法的假設檢定

在利用貝氏統計法的假設檢定中，是使用貝氏因子（Bayes factor）的指標。

在虛無假設 H_0 中，母數 θ 的事後分配即為

$$f(\theta|x, H_0) = \frac{f(x|\theta, H_0)\,f(\theta|H_0)}{f(x|H_0)}$$

同樣，在對立假設中，母數 θ 的事後分配即為

$$f(\theta|x, H_1) = \frac{f(x|\theta, H_1)\,f(\theta|H_1)}{f(x|H_1)}$$

此時，各自的分母是

$$f(x|H_0) = \int f(x|\theta, H_0)f(\theta|H_0)\,d\theta$$
$$f(x|H_1) = \int f(x|\theta, H_1)f(\theta|H_1)\,d\theta$$

考慮了母數 θ 所有可能的取值時，是表示對數據而言虛無假設與對立假設的可能性。因此，將 $f(x|H_0)$ 與 $f(x|H_1)$ 之比

$$B_{01} = \frac{f(x|H_0)}{f(x|H_1)} = \frac{\int f(x|\theta, H_0)\,f(\theta|H_0)\,d\theta}{\int f(x|\theta, H_1)\,f(\theta|H_1)\,d\theta}$$

定義為：「相對於對立假設來說虛無假設的貝氏因子 B_{01}」。B_{01} 是表示「對於對立假設來說虛無假設有幾倍的可能性」，SPSS 是使用以下的基準。

貝氏因子的大小	指標
$B_{01} > 100$	最高水準反對虛無假設的證據
$30 < B_{01} \leq 100$	非常強列反對虛無假設的證據
$10 < B_{01} \leq 30$	強烈反對虛無假設的證據
$3 < B_{01} \leq 10$	中度反對虛無假設的證據
$1 < B_{01} \leq 3$	不確定反對虛無假設的證據
$B_{01} = 1$	無證據
$\frac{1}{3} < B_{01} < 1$	不確定反對對立假設的證據
$\frac{1}{10} < B_{01} < \frac{1}{3}$	中度反對對立假設的證據
$\frac{1}{30} < B_{01} < \frac{1}{10}$	強烈反對對立假設的證據
$\frac{1}{100} < B_{01} < \frac{1}{30}$	非常強列反對對立假設的證據
$B_{01} < \frac{1}{100}$	最高水準反對對立假設的證據

並且，對貝氏因子來說，不只有虛無假設對對立假設的貝氏因子 B_{01}，也有對立假設對虛無假設的貝氏因子 B_{10}。貝氏因子 B_{10} 即為

$$B_{10} = \frac{f(x \mid H_1)}{f(x \mid H_0)} = \frac{\int f(x \mid \theta, H_1)\, f(\theta \mid H_1)\, d\theta}{\int f(x \mid \theta, H_0)\, f(\theta \mid H_0)\, d\theta} = \frac{1}{B_{01}}$$

4.2.5　事前分配的設定

貝氏統計法取決於事前分配，所得到的事後分配及母數的估計結果即出現甚大的變化。因之，貝氏統計法中選擇一個事前分配即變得很重要。事前分配的選取法，可以大略成以下 2 種情形。

(1) 能使用的事前資訊完全沒有，或不想使用事前資訊時
- 像 N(0, 100000) 那樣，寬度寬扁平形狀的常態分配
- $B_e(1, 1)$ 及均勻分配
- Jeffreys 事前分配 *

* 事前分配經母數變換也不改變，具有 $p(\theta) \propto \sqrt{\det I(\theta)}$ 之機率密度函數的事前分配。det 是行列式，$I(\theta)$ 是費雪資訊矩陣。

等是使用稱為無資訊事前分配的事前分配。利用貝氏統計法的分析，大多設定無資訊的事前分配。並且，使用無資訊的事前分配時，事後分配的 MAP 估計量與最大概似估計量一致是已知的事實。

(2) 當有能使用的事前資訊時

① 過去的數據是在專家的建議下決定的。從專家聽取母數的代表值與信用區間，使用具有近似相等統計量的事前分配。

② 求出的事後分配當作下一次的事前分配來使用。譬如，第一次調查中所得出的母數的事後分配，在第 2 次調查中求母數的事後分配時當作事前分配來使用。

另外，在 (1) 與 (2) 的情形中，有使用稱為共軛事前分配的事前分配。

所謂共軛事前分配，是指所設定的事前分配能使事前分配與事後分配成為相同種類的機率分配。代表性的共軛事前分配，有如下情形。

共軛事前分配	概似	事後分配
Beta 分配	二項分配	Beta 分配
Beta 分配	伯努利分配	Beta 分配
常態分配	常態分配	常態分配
Gamma 分配	波互生分配	Gamma 分配

共軛事前分配理論上容易處理，而且計算快速，常當作事前分配加以使用。目前，SPSS 中也多使用共軛事前分配。可是，在電腦性能提高的現在，去除「共軛」的限制，設定自由的事前分配，指出有如此好處的人有明顯地增加。

4.2.6 積分計算

貝氏統計法中事後分配的導出與摘要等有需要積分計算。此處，針對 SPSS 的貝氏統計法中所使用的數值積分法與蒙地卡羅積分加以說明。

(1) 數值積分法

利用下式

$$\int_a^b g(x)dx = \sum_{i=1}^N f(X_i)w_i$$

近似地求出定積分（definite integral）稱為數值積分法。如略加說明時，將積分區間 [a, b] 等間隔的 N 等分，分割成長方形或梯形等的圖形，相加這

些面積即可近似地求出定積分。

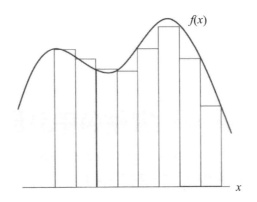

PSS 是在數值積分法之中使用積分區間的兩端固定在 −1 與 1 的高斯・羅伯特（Gauss-Lobatto）求積。

(2) 蒙地卡羅積分

數值積分法在低次元的積分中是有效的，高次元的積分卻難以近似。

＊因此，引進在積分計算中積率的想法，想近似的積分當作 $\int f(x)p(x)dx$，$p(x)$ 當作機率分配 P 的機率密度函數，X_i 當作服從 P 的亂數（這是指隨機產生的數）的數列，蒙地卡羅積分即可表示成

$$\int f(x)p(x)dx = \lim_{N \to \infty} \sum_{i=1}^{N} f(X_i)$$

換言之，所謂蒙地卡羅積分，是當由機率分配隨機產生的樣本十分大時，利用其平均值近似地求出積分。

關於積分計算的具體計算，超出本書的水準，所以不打算列舉。

Note

第 5 章
單樣本母體比率的檢定

本章內容

5.1 單樣本母體比率的檢定

5.1.1 單樣本母體比率的檢定

所謂單樣本母體比率的檢定，是針對已經很明確或想作爲比較對象的母體比率 θ_0，與所得出之數據所推測的母體比率 θ 是否不同，進行檢討的方法。譬如，在以下的情形中，進行單樣本的母體比率的檢定。

- A 工廠中不良品的發生率去年是 25%，進行機械維修之後，隨機抽取 100 個產品其中有 15 個不良，亦即不良品的發生率是 15%。是否能說不良品的發生率比去年降低了呢？
- 疾病 B 的罹患率被說成是 0.1%，調查某都市 200 人，有 5 人感染疾病 B。該都市中疾病 B 的感染率可以說是比 0.1% 高嗎？

5.1.2 單樣本的母體比率的檢定的虛無假設與對立假設

單樣本的母體比率的檢定中，虛無假設當作「母體比率 θ 等於某值 θ_0 (H_0 : $\theta = \theta_0$)」，針對以下 3 種對立假設之中所關心者加以檢討。

- 虛無假設 H_0 : $\theta = \theta_0$；θ 與 θ_0 相等
- 對立假設 1. H_1 : $\theta \neq \theta_0$；θ 不等於 θ_0（雙邊檢定）
- 對立假設 2. H_1 : $\theta > \theta_0$；θ 比 θ_0 大（單邊檢定）
- 對立假設 3. H_1 : $\theta < \theta_0$；θ 比 θ_0 小（單邊檢定）

大多時候，是檢討對立假設 1「母體比率 θ 不等於 θ_0（H_1 : $\theta \neq \theta_0$）」。

5.1.3 利用貝氏法單樣本母體比率的檢定

單樣本母體比率的檢定中求出的母數只有母體比率 θ，因之事後分配是

$$f(\theta|x) = \frac{f(x|\theta)f(0)}{f(x)} \propto f(x|\theta)f(\theta)$$

貝氏因子在母體比率的檢定中即爲

$$B_{01} = \frac{f(x|H_0)}{f(x|H_1)} = \frac{f(x|\theta = \theta_0)}{f(x|\theta \neq \theta_0)}$$

由式 (1) 來看，在母體比率的檢定中有需要決定出母體比率的事前分配 $f(\theta)$。

母體比率的事前分配 $f(\theta)$ 是使用 Beta 分配 $Be(\alpha, \beta)$。如第 2 章所說明，Beta 分配是以 α 與 β 相等時，事件是否發生是五五波，α 與 β 之值不同時，

容易出現接近 1 或 0 之值。而且，Be(1, 1) 是區間 [0,1] 的連續均一分配，換言之，即為無資訊事前分配。

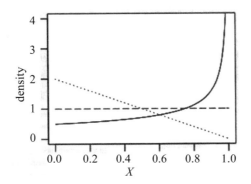

在 SPSS 的預設中母體比率的事前分配被設定成 Be(2, 2)，但如果沒有可以利用的事情資訊時，最好是使用 Be(1, 1)。如果，有能利用的事前資訊時，可配合該資訊，更改 α, β 之值。

5.2 利用SPSS單樣本母體比率的檢定

5.2.1 利用 SPSS 單樣本母體比率的檢定

此次利用「單樣本母體比率的檢定 .sav」之數據。此數據是 A 工廠去年度不良品的發生率是 25%，經機械維修後隨機抽取 100 個觀察不良品的個數。所得到的不良品數是 100 之中有 15 個，亦即，不良品的發生率是 15% 時，機械維修是否有效，利用母體比率之差的檢定來檢討。

另外，數據表中不良品的行中，1 表不良品，0 表非不良品。

機械維修後發生不良品的母體比率設爲 θ，檢討如下的虛無假設與對立假設。

- 虛無假設 $H_0 : \theta = 0.25$
- 對立假設 $H_1 : \theta \neq 0.25$

步驟 1 從清單中選擇〔分析〕＞〔貝氏統計量〕＞〔單樣本二項式〕。

步驟 2　顯示〔單樣本二項式〕的對話框。

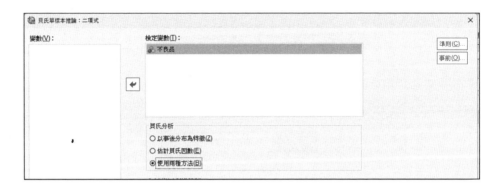

- 從左側的變數一覽表中選取用於母體比率檢定的變數即「不良品」，按 投入〔檢定變數中〕。
- 為了求出事後分配與貝氏因子，〔貝氏分析〕選擇〔使用兩種方法〕。

步驟 3　為了設定事前分配與成為比較對象的比率 25%，變更〔成功的類別與假設值〕。

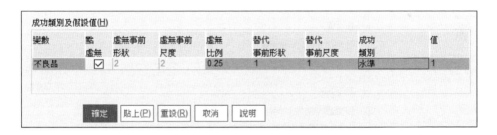

- 為了設定成為比較對象的比率 25%，於〔點虛無〕中先勾選。接著，在〔虛無比率〕中輸入 25%，亦即 0.25。
- 以事前分配來說，為了設定無資訊事前分配 Be(1, 1)，〔替代事前形狀〕輸入 1，〔替代事前尺度〕輸入 1。
- 選擇〔成功類別〕，變更成〔水準〕。而且，此次不良品的情形即為 1，因之於〔值〕中輸入 1。

步驟 4　如只是〔成功的類別與假設值〕的設定時，事前分配則維持
Be(2, 2)，為了設定成 Be(1, 1)，選擇〔事前機率〕。

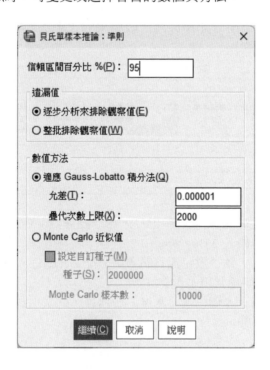

・〔形狀母數〕與〔尺度母數〕中輸入 1。

步驟 5　要變更信用區間與數值性的方法時，選擇〔準則〕。
　此次雖是按照預測進行分析，但信用區間變成 99%，或數值的方法變更
成蒙地卡羅近似時，可變更或選擇各自的數值與方法。

步驟 6　最後按一下〔確定〕即輸出結果。

5.2.2 利用 SPSS 確認單樣本的母體比率檢定的結果

步驟 1 爲了確認貝氏因子，即確認〔檢定二項比率的貝氏因子〕。

用於二項式比例檢定的貝氏因子

成功類別		觀察值			貝氏因子
		數目	成功	比例	
不良品	= 1	100	15	.150	.572

貝氏因子：空值與替代假設。

- 比率是表示樣本比率之值。此次的結果是 0.15(= 15/100) 即 15%。
- 貝氏因子得出 $BF_{01} = 0.572$ 的結果。$BF_{01} = 0.572$ 是意指「虛無假設相對於對立假設約有 0.572 倍的可能性」。而且，是在 1/3 到 1 之間，因之可以解釋爲「對於對立假設來說得出不正確的數據」。

步驟 2 爲了確認母體比率的事後分配，確認〔二項推論的事後分配特徵〕。

二項式推論的事後分布特徵[a]

	後段			95% 信賴區間	
	眾數	平均值	變數	下限	上限
不良品	.150	.157	.001	.093	.233

a. 二項式比例的事前：Beta(1, 1)。

- 對於事後分配來說，可以得出眾數 MAP = 0.150，平均值 EAP = 0.157，信用區間是 [0.093,0.233] 的結果。信用區間爲包含 0.25，可以說機械維修後不良品發生的母體比率不是 0.25 亦即 25%（可以說比 25%% 小）。

步驟 3 確認對數概似函數、事前分配、事後分配的圖形。
　　所設定的事前分配是否如想定的呢？所得出的事後分配的形狀是如何呢？
　　如抱持關心時就一定要去確認。

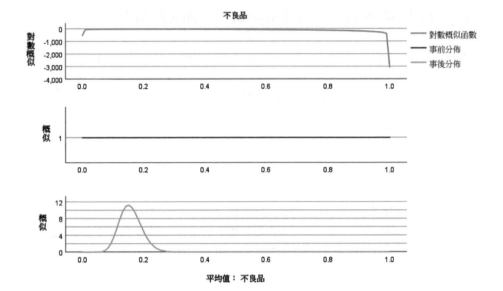

5.3 單樣本母體比率檢定的結果報告

　　本章的最後，說明如何將所得到的母體比率的檢定結果在論文或報告中加以表示。

　　利用貝氏法進行單樣本母體比率的檢定時，可以按如下報告。

- 所使用的數據的概要（數據數與樣本比率）
- 虛無假設與對立假設
- 母體比率的事前分配
- 使用了事後分配的數值性方法
- 貝氏因子與其用法
- 母體比率的事後分配的眾數、平均值、信用區間

專欄

> **如變更事前分配時…？**
> 　　本章使用無資訊事前分配 Be(1, 1) 當作事前分配，如改變成有資訊事前分配時，會得出何種的結果呢？試確認看看。
>
> (1) Be(1, 2) 時：確信母體比率 θ 直線式地在下降時
>
>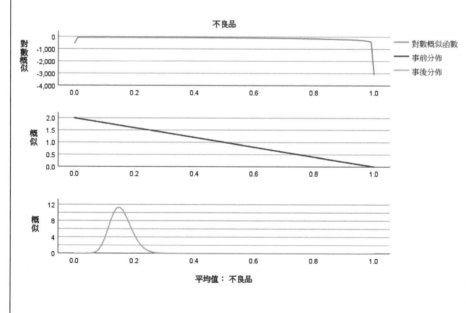
>
> (2) Be(100,1) 時：母體比率確信幾乎是 100 時

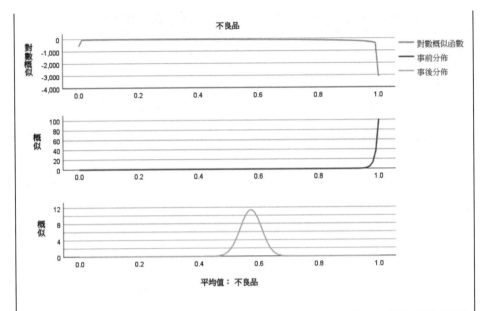

　　對每一個來說雖然省略了貝氏因子、MAP、EAP，但如改變事前分配時，貝氏因子與事後分配會有甚大改變是可以掌握的，不是嗎？設定事前分配時，經常要想到「為什麼要作為它的事前分配呢？」。

第 6 章
單樣本的母體缺點數的檢定

本章內容

6.1 單樣本母體缺點數的檢定

6.1.1 單樣本母體缺點數的檢定

缺點數像是飛機或是電車的事故件數發生了很少發生的次數,在母體中的缺點數,特別稱為母體缺點數。

所謂單樣本母體缺點數的檢定,是已經很明顯或想作為比較對象的母體缺點數 λ_0 與所得到數據的母體缺點數 λ 是否不同,對此進行檢定的方法。譬如,在如下的場面中進行單樣本的母體缺點數的檢定。

- A 工廠進行不良品的檢查,過去每日發現 5 個不良品。進行了機械維修後,不良品每日發現 2 個。是否可以說不良品個數的減少是因為機械維修所致的呢?
- B 市每日發生 10 件的偷竊。警察強化巡邏之後,偷竊事件的發生件數每日 2 件。偷竊事件是否可以說在減少呢?

6.1.2 單樣本的母體缺點數的檢定的虛無假設與對立假設

在單樣本的母體缺點數的檢定中,將虛無假設當作「母體缺點數 λ 與某值 λ_0 相等($H_0 : \lambda = \lambda_0$)」,並就以下 3 種所關心的對立假設加以檢討。

- 虛無假設 $H_0 : \lambda = \lambda_0$: λ 是等於 λ_0。
- 對立假設 1:$H_1 : \lambda \neq \lambda_0$: λ 是不等於 λ_0(雙邊檢定)。
- 對立假設 2:$H_1 : \lambda > \lambda_0$: λ 是比 λ_0 大(單邊檢定)。
- 對立假設 3:$H_1 : \lambda < \lambda_0$: λ 是比 λ_0 小(單邊檢定)。

許多的時候,都是檢討對立假設 1「母體缺點數不等於 λ_0($H_1 : \lambda \neq \lambda_0$)

6.1.3 利用貝氏法單樣本的母體缺點數的檢定

單樣本的母體缺點數的檢定所要求的母數只是母缺點數 λ,所以事後分配是

$$f(\lambda \mid x) = \frac{f(x \mid \lambda) f(\lambda)}{f(x)} \propto f(x \mid \lambda) f(\lambda) \tag{1}$$

單樣本的母體缺點數的檢定中的貝氏因子是

$$B_{01} = \frac{f(x \mid H_0)}{f(x \mid H_1)} = \frac{f(x \mid \lambda = \lambda_0)}{f(x \mid \lambda \neq \lambda_0)} = \frac{f(x \mid \lambda_0)}{f(x \mid \lambda)} \tag{2}$$

由 (1) 是來看，單樣本的母體缺點數的檢定中，有需要先決定好母體缺點數的事前分配 $f(\lambda)$。母體缺點數的事前分配 $f(\lambda)$ 是使用 Gamma 分配 $Ga(\alpha, \beta)$（其中，$\alpha > 0, \beta > 0$）。如第 2 章所說明：Gamma 分配 $Ga(\alpha, \beta)$ 的形狀母數 α 的值愈大，對平均而言形成左右對稱的分配，尺度母數 β 的值愈大，形成機率密度變小的速度會愈慢的分配。

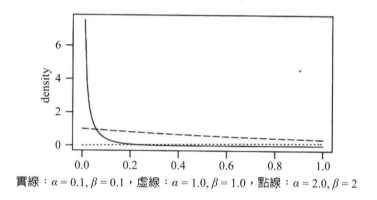

實線：$\alpha = 0.1, \beta = 0.1$，虛線：$\alpha = 1.0, \beta = 1.0$，點線：$\alpha = 2.0, \beta = 2$

在 SPSS 的預設中，母體缺點數的事前分配被設定成 $Ga(2, 2)$。如無能利用的事前資訊時，可以利用 $Ga(2, 2)$。如果有能利用的事前資訊時，可配合其資訊，改變 α, β 之值。

6.2 利用SPSS單樣本的母體缺點數的檢定

6.2.1 利用 SPSS 單樣本的母體缺點數的檢定

　　此次是利用「單樣本的母體缺點數的檢定 sav.」的數據。此數據是表示某都市本月 30 日之間的交通事故發生件數。本月 30 日間的交通事故發生事件，可以說是從上月 30 日間的交通事故發生件數，每月 4 件所改變的嗎？以單樣本的母體缺點數的檢定加以檢討。

　　本月的交通事故發生件數的母體缺點數設為 λ，檢討如下的虛無假設與對立假設。

- 虛無假設 H_0：$\lambda = 4$
- 對立假設 H_1：$\lambda \neq 4$

步驟 1　從清單中點選〔分析〕＞〔貝氏統計量〕＞〔單樣本 Poisson〕。

步驟 2　顯示〔貝氏單樣本推論：Poisson〕。

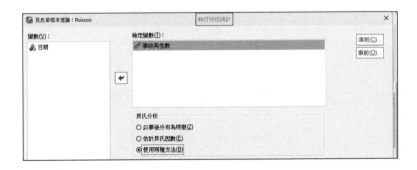

- 從左側的變數清單中選擇單樣本母體缺點數的檢定所使用的變數即〔事故發生數〕，按 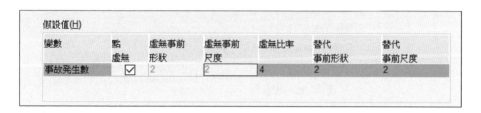 投入〔檢定變數〕。
- 為了求出事後分配與貝氏因子，〔貝氏分析〕選擇〔使用兩種方法〕。

步驟 3　為了設定事前分配與成為比較對象的母體缺點數 4，變更〔假設值〕。

- 為了將成為比較對象的母體缺點數設定成 4，勾選〔點虛無〕。接著將〔虛無比率〕設定成 4。
- 為了設定無資訊事前分配 Ga(2, 2) 作為事前分配，因之〔替代事前形狀〕輸入 2，〔替代事前尺度〕輸入 2。

步驟 4　要變更 Gamma 分配 Ga(α, β) 的母數時，點選〔事前類型〕。
此次是按照預設進行，但要變更形狀母數 α 與尺度母數 β 時，可變更各自的值。

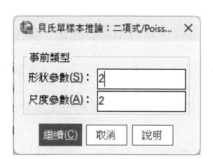

步驟 5　變更信用區間與數值的方法時，選擇〔準則〕。
此次雖按照預設進行分析，但信用區間變更成 99% 時，或數值性的方法變更成蒙地卡羅近似時，可變更、選擇各自的數值與方法。

步驟 6 最後按 [確定] 即輸出結果。

6.2.2 利用 SPSS 單樣本的母體缺點數檢定的結果確認

步驟 1 爲了確認貝氏因子，可確認〔Poisson 比率檢定的貝氏因子〕

Poisson 比率檢定的貝氏因子

		計數		
	數目	最小值	最大值	Bayes Factor[a]
事故發生數	30	0	6	.005

a. 貝氏因子：空值與替代假設。

- N 表日數
- 次數表示交通事故發生數的最小值與最大值
- 貝氏因子得出了 $BF_{01} = 0.05$ 的結果。$BF_{01} = 0.05$ 意指「相對於對立假設來說，虛無假設的可信度約爲 0.005 倍」。並且貝氏因子是 $1/100 (= 0.01)$

未滿之值所以可以解釋爲「對於對立假設來說得出了最高水準的依據」。

步驟 2　爲了確認母體缺點數的事後分配，可確認〔Poisson 推論的事後分配評價〕。

Poisson 推論的事後分布特徵[a]

	眾數	平均值	變數	95% 信賴區間	
				下限	上限
事故發生數	2.47	2.50	.078	1.98	3.08

a. Poisson 比率/明暗度的事前：Gamma(2, 2)。

- 關於事後分配得出了眾數 MAP = 2.47，平均數 EAP = 2.50，95% 信用區間 [1.98,3.08] 的結果。95% 信用區間因未包含 4，所以本月的交通事故發生件數的母體缺點數可以說比 4 小。

步驟 3　確認對數概似函數、事前分配、事後分配

雖然輸出了對數概似函數的結果，但因爲是取概似函數的對數，所以本質上並未改變。因之，請不必特別介意去確認結果。

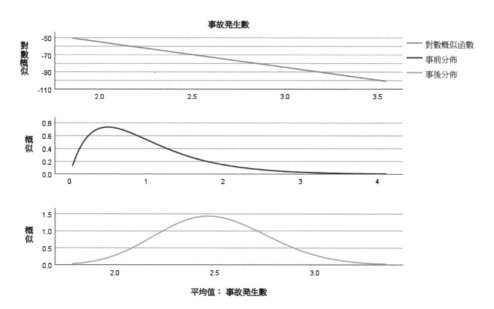

- 由上依序顯示對數概似函數、事前分配、事後分配的圖形。
所設定的事前分配是否如所設想的，所得出的事後分配的形狀形成如何？如抱持關心時就一定要去確認。

6.3 單樣本的母體缺點數檢定的結果報告

本章最後，針對將所得出的單樣本母體缺點數檢定的結果如何在報告或論文中呈現加以說明。

利用貝氏法進行母體缺點數的檢定時，可以如下報告。

- 所使用數據的概要（樣本大小，標本缺點數是必須的）
- 虛無假設與對立假設
- 母體缺點數的事前分配
- 所使用之事後分配的數值性方法
- 貝氏因子與其評價
- 母體缺點數的事後分配的眾數、平均值、信用區間

報告例

某 A 市上月 30 日間的交通事故發生件數每日 4.00 件，本月 30 日間的交通事故發生件數合計 78 件，每日是 2.60 件。為了檢討上月與本月的交通事故發生件數是否不同，本月的交通事故發生件數的母體缺點數設為 λ，虛無假設設為 $[H_0 : \lambda = 4.00]$，對立假設設為 $[H_1 : \lambda \neq 4.00]$，進行單樣本的母體缺點數的檢定，$\lambda$ 的事前分配是無資訊事前分配設定成 Ga(2, 2)。

而且，事後分配的估計，使用 SPSS 預設的調適性高斯、羅伯特（Gauss-Lobatto）求積（容許度 0.000001，最大反覆數 2000）。

結果，虛無假設相對於對立假設的貝氏因子是 $BF_{01} = 0.005$，因之得出了對於對立假設來說，最高水準的數據，並且，就母體缺點數的事後分配來說，眾數是 2.47，平均值是 2.50，95% 信用區間是 [1.98,3.08]，由以上顯示出本月的交通事故發生件數比上月少。

第 7 章
單樣本母平均的檢定

本章內容

7.1 單樣本母平均的檢定

7.1.1 何謂單樣本母平均的檢定

所謂單樣本母平均的檢定，是檢討已經很明確或想作爲比較對象的母平均 μ_0，與所得到的數據所推測的母平均 μ 是否不同。譬如，在以下的場合中，進行單樣本母平均的檢定。

- A 組 40 人接受某種考試後，平均分數是 65 分，任課的老師雖然是以平均分數 60 分作爲目標，但能否說達成了目標呢？
- B 市今年 8 月的平均氣溫是 28.2℃，今年 8 月的平均氣溫可否說比過去 10 年間的平均氣溫 26.5℃高呢？

7.1.2 單樣本母平均檢定的虛無假設與對立假設

在單樣本母平均的檢定中，虛無假設當作「母平均 μ 等於某值 μ_0 (H_0：$\mu = \mu_0$)」，針對以下 3 種對立假設之中所關心者加以檢討。

- 虛無假設 H_0：$\mu = \mu_0$：μ 與 μ_0 相等
- 對立假設 H_1：$\mu \neq \mu_0$：μ 與 μ_0 不相等（雙邊撿定）
- 對立假設 H_1：$\mu > \mu_0$：μ 與比 μ_0 大（單邊撿定）
- 對立假設 H_1：$\mu < \mu_0$：μ 與比 μ_0 小（單邊撿定）

許多時候，是檢討對立假設 1「母平均 μ 與 μ_0 不相等 (H_1：$\mu \neq \mu_0$)」。

7.1.3 利用貝氏法單樣本母平均的檢定

單樣本母平均的檢定，在母變異數已知與未知時其計算是不同的，此處姑且對經常所使用的母變異數未知的情形加以說明。母變異數未知時，單樣本母平均的檢定中所求出的母數是母平均 μ 與母變異數 σ^2，因之事後分配是

$$f(\mu, \sigma^2 | x) = \frac{f(x | \mu, \sigma^2) \cdot f(\mu, \sigma^2)}{f(x)} \propto f(x | \mu, \sigma^2) f(\mu, \sigma^2) \tag{1}$$

貝氏因子是

$$B_{01} = \frac{f(x | H_0)}{f(x | H_1)} = \frac{f(x | \mu = \mu_0, \sigma^2)}{f(x | \mu \neq \mu_0, \sigma^2)} = \frac{f(x | \mu_0, \sigma^2)}{f(x | \mu, \sigma^2)} \tag{2}$$

由 (1) 式來看，變異數未知時的單樣本母平均的檢定，有需要先決定母平均與母變異數的聯合事前分配 $f(\mu, \sigma^2)$，簡言之即母平均與母變異數的事前分配。

SPSS 中可以使用的事前分配如下。

無資訊事前分配	除了無資訊事前分配以外
• 母變異數 　➢ 擴散分配 　➢ Jeffreys 的 S2 　➢ Jeffreys 的 S4 • 母平均 　➢ 擴散分配	• 母變異數 　➢ 逆卡方分配 　➢ 送 Gamma 分配 • 母平均 • 常態分配

　　SPSS 的預設是設定母平均與母變異數均為無資訊事前分配的擴散分配。沒有可利用的事前資訊時，可以按照擴散分配進行分析。如果，有可利用的事前資訊時，可配合該資訊變更母平均與母變異數的事前分配的母數。

7.2 利用SPSS單樣本母平均的檢定

7.2.1 利用 SPSS 單樣本母平均的檢定

此次利用「單樣本母平均的檢定 .sav」的數據。此數據是表示 A 組學生 40 人的考試分數。A 組的平均考試分數可否說超過任課老師的目標 60 分，利用單樣本母平均的檢定來檢討。

A 組考試分數的母平均設為 μ，檢討如下的對立假設與虛無假設。

- 虛無假設 $H_0 : \mu = 60$
- 對立假設 $H_1 : \mu \neq 60$

步驟 1　從清單中點選〔分析〕＞〔貝氏統計量〕＞〔單樣本的常態〕。

步驟 2　顯示出〔單樣本的常態〕的對話框。

- 從左側的變數清單一覽表中，點選單樣本母平均檢定所用的變數，即〔考試分數〕，按  投入到〔檢定變數〕之中。
- 為了求出事後分配與貝氏因子兩者，在〔貝氏分析〕中選擇〔使用兩種方法〕。

步驟 3　為了設定事前分配與成為比較對象的母平均 60 分，變更〔資料變異與假設值〕。

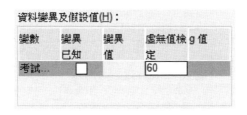

- 為了設定成為比較對象的母平均60分，在〔虛無值檢定〕中設定成60分。
- 母變異數之值已知時，勾選〔變異已知〕，將其值輸入到〔變異值〕中。

步驟 4 要變更事前分配時，選擇〔事前機率〕。

此次按照預設的擴散分配亦即無資訊事前分配進行分析，如有事前資訊時選擇逆卡方分配、逆 Gamma 分配、常態分配，再設定母數之值。另外，所謂準確度是變異數的倒數。

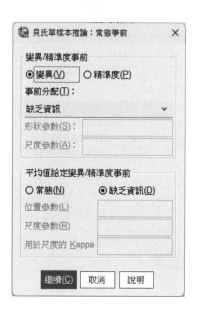

步驟 5 變更信用區間與數值性方法時，選擇〔準則〕。

此次是按照預設分析，信用區間變更成 99% 時，或將數值的方法變更成蒙地卡羅近似時，可變更、選擇各自的數值與方法。

步驟 6　最後按〔確定〕，即輸出結果。

7.2.2　利用 SPSS 單樣本母平均檢定的結果確認

步驟 1　為了確認貝氏因子，可確認〔單樣本 t 檢定的貝氏因子〕。

用於單樣本 T 檢定的貝氏因子

	數目	平均值	標準偏差	標準誤平均值	貝氏因子[a]	t	df	顯著性（雙尾）
考試分數	40	67.13	8.480	1.341	.000	5.314	39	<.001

a. 貝氏因子：空值與替代假設。

- N 表 A 組的人數。
- t 值與自由度、顯著機率（雙邊）是依據 p 值進行假設檢定的結果。
  此次的情形，依據 $t(39) = 5.31$, $p < 0.001$，可以認為所得出的考試分數與 60 分在 0.1% 水準下有顯著差。
- 貝氏因子得出 $BF_{01} = .000$ 的結果。$BF_{01} = .000$ 是意指〔相對於對立假設來說虛無假設的可信度約為 0.000 倍〕。並且，貝氏因子是未滿 1/100(= 0.01) 之值，因之可以解釋成「對於對立假設來說得出了最高水準的依據」。

單樣本平均值的事後分布特徵

	數目	後段 眾數	後段 平均值	後段 變異	95% 信賴區間 下限	95% 信賴區間 上限
考試分數	40	67.13	67.13	2.003	64.34	69.91

變異數事前：Diffuse。平均值事前：Diffuse。

- 就考試分數來說，得出了眾數 MAP = 67.13，平均值 EAP = 67.13，變異數是 2.003，95% 信用區間是 [2.05,3.20] 的結果。95% 信用區間並未包含 60，可以說 A 組的考試分數的母平均比 60 分大。

步驟 3　確認對數概似函數、事前分配、事後分配
　雖輸出對數概似函數的結果，因為是只取概似函數的對數，所以本質並未改變。因之，不必擔心去確認結果。

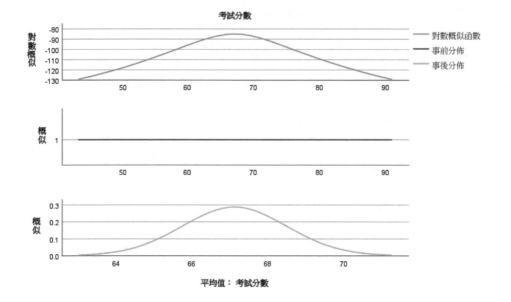

7.3 單樣本母平均檢定的結果報告

本章的最後，針對所得到的單樣本母平均檢定結果如何在報告或論文中發表加以說明。

利用貝氏法進行單樣本母平均的檢定時，可以如下報告。

- 所使用數據的概要（樣本大小，樣本平均與標準差是必要的）
- 虛無假設與對立假設
- 所用的事後分配的數值性方法
- 貝氏因子與其評價
- 母平均的事後分配的眾數、平均值、信用區間、變異數

報告例

A 組 40 人考試的平均分數是 67.13 分，標準差是 8.48 分。為了檢討是否超出任課老師的目標 60 分，將 A 組 40 人考試分數的母平均設為 μ，虛無假設為「$H_0 : \mu = 60$」，對立假設為「$H_1 : \mu \neq 60$」，進行了單樣本母平均的檢定。母平均 μ 與母變異數的事前分配假定是無資訊事前分配的不明分配。接著，事後分配的估計是使用 SPSS 預設的〔調適性高斯‧羅伯特（Gauss-Lobatto）求積法〕（容許度 0.000001，最大反覆數 2000）。

結果，虛無假設相對於對立假設的貝氏因子 $BF_{01} = .000$，因之對於對立假設來說可得出最高水準的依據。另外，就母平均 μ 的事後分配來說，眾數是 67.13 分，平均值是 67.13 分，95% 信用區間為 [64.34, 69.91]，變異數為 2.00。基於以上，顯示出 A 組考試的平均分數是超過任課老師的目標 60 分。

Note

第 8 章
成對2樣本母平均的檢定

本章內容

8.1 2樣本的母平均的檢定

8.1.1 2樣本母平均的檢定

所謂 2 樣本母平均的檢定，是檢討從 2 個的組成條件中所得出的數據所推測的母平均 μ_1 與 μ_2 是否不同，亦即是檢討 2 樣本母平均之差的方法。

譬如，在如下的場會中進行 2 樣本的母平均的檢定。

- 爲了測量有關某技能 A 的講習課程的效果，以 50 人的參加者爲對象在講習課程前後進行技能 A 的考試。考試 60 平均分數，上課前是 40 分，上課後是 55 分。能否說講習課程有效果呢？
- 此次期末考的平均分數，B 組是 50 分，C 組是 60 分，B 組與 C 組的平均分數能否說有差異呢？

8.1.2 2樣本的母平均檢定的虛無假設與對立假設

2 樣本的母平均檢定中，2 個母平均設爲 μ_1, μ_2，母平均之差設爲 $\delta = \mu_1 - \mu_2$，虛無假設設爲母平均之差 δ 爲 $0(H_0 : \delta = 0)$。然後，針對以下 3 個對立假設之中所關心者進行檢討。

- 虛無假設 $H_0 : \delta = 0$：母平均之差爲 0
- 對立假設 1 $H_1 : \delta \neq 0$：母平均之差不是 0（雙邊檢定）
- 對立假設 2 $H_1 : \delta > 0$：母平均之差比 0 大（單邊檢定）
- 對立假設 3 $H_1 : \delta < 0$：母平均之差比 0 小（單邊檢定）

許多時候，是檢討對立假設 1「母平均之差不是 $0(H_1 : \delta \neq 0)$」。

8.1.3 進行 2 樣本母平均檢定的前提條件

進行 2 樣本母平均檢定之前，有需要確認以下 2 點。

- 是間隔數據或比例數據否
  - ➤ 2 樣本的母平均檢定只有在間隔數據或比例數據時才能分析。
    因之，像比較電視節目 A 與 B 的收視率之類進行名義數據之分析時，要進行比率之差的檢定或卡方檢定。
- 數據是否有對應？

8.1.4 數據對應的有無

2 樣本母平均的檢定，有需要確認數據有無應對。原本對應之有無是如下定義的。

• 有對應的數據：從相同個體所收集而成之不同條件的數據
　➢ 減重法實施前後測量體重
　➢ 吃藥前後測量血壓
• 無對應的數據：從不同個體所收集而成之不同條件的數據
　➢ 對患者使用藥 A 或藥 B 的任一者，測量用藥後的變化
　➢ 對學生提供教材 A 或 B 的任一者，於學習後進行考試

　取決於數據對應的有無，2 樣本母平均檢定所使用的數式式不同的，因之進行分析前有需要確認數據有無對應。

　本章先對有對應的 2 樣本母平均的檢定，下章則對無對應的 2樣本母平均的檢定加以說明。

8.2 有對應2樣本母平均的檢定

8.2.1 利用貝氏法有對應的 2 樣本母平均的檢定

有對應 2 標本母平均的檢定取決於母變異數是否已知，以及母變異數是否相等，其計算是不同的。此處姑且先對經常使用的 2 個母變異數未知且不等的情形加以說明。2 個樣本的母平均分別設為 μ_1, μ_2，母變異數設為 σ_1^2, σ_2^2，母平均之差設為 $\delta = \mu_1 - \mu_2$。此處

要求出的母數是 $\delta, \sigma_1^2, \sigma_2^2$，因之事後分配是

$$f(\delta, \sigma_1^2, \sigma_2^2 | x) = \frac{f(x | \delta, \sigma_1^2, \sigma_2^2) f(\delta, \sigma_1^2, \sigma_2^2)}{f(x)}$$

$$\propto f(x | \delta, \sigma_1^2, \sigma_2^2) f(\delta, \sigma_1^2, \sigma_2^2) \tag{1}$$

貝氏因子是

$$B_{01} = \frac{f(x | H_0)}{f(x | H_1)} = \frac{f(x | \delta = 0, \sigma_1^2, \sigma_2^2)}{f(x | \delta \neq 0, \sigma_1^2, \sigma_2^2)}$$

由式 (1) 來看，有需要決定母平均差與 2 個母變異數的聯合事前分配 $f(\delta, \sigma_1^2, \sigma_2^2)$，換言之母平均之差與母變異數的事前分配。SPSS 中可以使用的事前分配如下表。

無資訊事前分配	除了無資訊事前分配以外

• 母變異數
  ➤ 擴散分配
  ➤ Jeffreys 的 S2
  ➤ Jeffreys 的 S4
• 母平均
  ➤ 擴散分配
	• 母平均
	  ➤ 逆卡方分配
	  ➤ 送 Gamma 分配
	• 母平均
	• 常態分配

8.3 利用SPSS有對應的2樣本母平均的檢定

8.3.1　利用 SPSS 有對應的 2 樣本母平均的檢定

　　此次利用〔有對應的 2 樣本母平均的檢定 .sav〕的數據。此數據是以某課程聽課人員 50 人爲對象，於上課前後進行考試所得的結果。某課程聽課是否有效，將上課前後考試分數之差以有對應 2 樣本母平均知檢定加以檢討。

　　就考試分數來說，上課前的母平均設爲 μ_1，上課後的母平均設爲 μ_2，母平均之差當作 $\delta = \mu_1 - \mu_2$，檢討如下的虛無假設與對立假設。

- 虛無假設 $H_0 : \delta = 0$
- 對立假設 $H_1 : \delta \neq 0$

步驟 1　從清單中點選〔分析〕＞〔貝氏統計量〕＞〔相關樣本常態分配〕。

步驟 2　顯示〔貝氏相關樣本推論：常態〕。

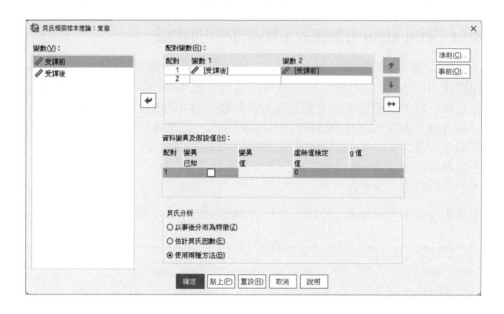

- 從左側的變數一覽表中選擇 2 樣本母平均檢定所使用的變數即〔上課後〕與〔上課前〕，按 投入 投入到〔有對應變數〕中。此次是母平均之差 $\delta = \mu_1 - \mu_2$，亦即上課後的分數減去上課前的分數。因之，先投入〔上課後〕，然後再投入〔上課前〕。
- 因為要求出事前分析與貝氏因子兩者，因之在〔貝氏分析〕中選擇〔使用兩種方法〕。
- 虛無假設並非 $\delta = 0$，而是 $\delta = 10$（上課前後母平均之差有10分），在〔零的檢定值〕中輸入 10 之值。

步驟 3　變更事前分配時，選擇〔事前機率〕。

此次是按照預設的擴張分配，亦即無資訊事前分配進行分析，有事前資訊時，選擇逆卡方分配、逆 Gamma 分配、事態分配，再設定母數之值。

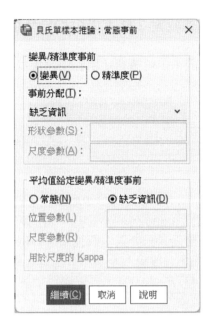

步驟 4　變更信用區間與數值性的方法時，選擇〔準則〕。

　　此次按照預設進行分析，將信用區間變更成 99% 時，或將數值性的方法變更成蒙地卡羅近似時，可分別變更。選擇各個數值或方法。

步驟 5　最後，按下〔確定〕，亦輸出結果。

8.3.2 利用 SPSS 確認成對 2 樣本母平均檢定的結果

步驟 1 爲了確認貝氏因子，可確認〔用於相關樣本 T 檢定的貝氏因子〕。

用於相關樣本 T 檢定的貝氏因子

	數目	平均值差異	標準偏差	標準誤平均值	貝氏因子	t	df	顯著性（雙尾）
受課後 - 受課前	50	8.50	2.565	.363	.000	23.428	49	<.001

貝氏因子：空值與替代假設。

- N 是表示上課人數。
- 貝氏因子得出了 BF_{01} = .000 的結果。BF_{01} = .000 意指「虛無假設相對於對立假設，可信度約爲 0.000 倍」。並且，貝氏因子是 1/100 (= 0.01) 未滿之值，固之可以解釋爲「對於對立假設來說得出了最高水準的依據」。
- t 值與自由度、顯著機率（雙邊）是基於 p 值進行假設檢定的結果。
  此次，從 $t(49)$ = 23.43, $p < 0.001$，可以認爲上課前後考試分數的平均數在 0.1% 水準下是有顯著差的。

步驟 2 爲了確認母平均之差的事後分配，可確認〔成對樣本平均值之差的事後分配評價〕。

相關樣本平均值差異的事後分布特徵

	數目	後段			95% 信賴區間	
		眾數	平均值	變異	下限	上限
受課後 - 受課前	50	8.50	8.50	.143	7.75	9.25

變異數事前：Diffuse。平均值事前：Diffuse。

- 對於考試分數的母平均之差的事後分配來說，得出眾數是 MAP = 8.50，平均值是 EAP = 8.50，變異數爲 0.143，95% 信用區間爲 [7.75,9.25] 之結果。95% 信用區間不包含 0，因之可以說上課後考試的平均分數較高。

步驟 3 確認對數概似函數、事前分配、事後分配。
  雖檢討出對數概似函數的結果，但只是取概似函數的對數，所以本質並未改變。因之，不必擔心去確認結果。

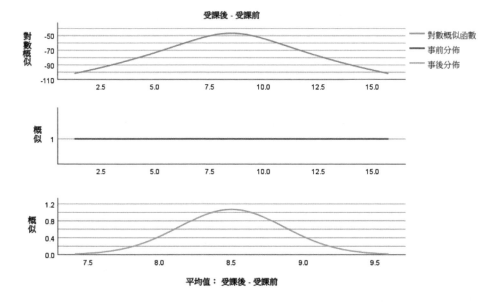

8.4 成對2樣本母平均檢定的結果報告

本章的最後，將所得到的成對 2 樣本母平均的檢定結果如何立報告或論文上發表加以說明。

利用貝氏法進行成對 2 樣本的母平均檢定時，可如下報告。

· 使用數據的概要（樣本大小、樣本平均與標準差）
· 虛無假設與對立假設
· 所使用的事前分配與數值性的分法
· 貝氏因子與其評價
· 母平均之差的事後分配的眾數、平均值、信用區間、變異數

報告例

為了確認某課程上課的效果，以上課人數 50 人為對象，在上課前後進行考試。上課前後考試的平均分數 (M) 與標準差 (SD) 記成下表。

	M	SD
上課前	60.14	13.16
上課後	68.64	15.71

上課前後母平均之差當作 δ，虛無假設設為 $H_0 : \delta = 0$，對立假設設為 $H_1 : \delta \neq 0$，進行成對 2 樣本母平均的檢定。對於母平均之差與母變異數的事前分配設定為無資訊事前分配的不明分配。並且，事後分配的估計使用 SPSS 預設的「調適性高斯、羅伯特」求積（容許度 0.000000，最大反覆數 2000）。

結果，虛無假設相對於對立假設的貝氏因子是 $BF_{01} = .000$，因之對於對立假設來說可得出最高水準的依據，對於母平均之差 δ 的事後分配來說，眾數是 MAP = 8.50，平均值是 EAP = 8.50，95% 信用區間為 [7.75,9.25]。從以上來看，上課後考試的分數較高，上課是有效果的。

第 9 章
獨立2樣本母平均的檢定

本章內容

9.1 獨立2樣本的母平均的檢定

9.1.1 獨立 2 樣本的母均檢定

　　獨立 2 樣本母平均的檢定，是從不同的個體所蒐集的 2 個不同條件的數據所推測的母平均 μ_1 與 μ_2 是否不同？亦即，檢討母平均之差的方法。與 8.1.2 節的說明一樣，2 個母平均分別爲 μ_1, μ_2，母平均之差當作 $\delta = \mu_1 - \mu_2$，虛無假設當作「平均之差 δ 爲 $0(H_0：\delta = 0)$」。而且，針對以下 3 種對立假設就所關心者加以檢討。

- 虛無假設 $H_0：\delta = 0$：母平均之差爲 0
- 對立假設 $H_1：\delta \neq 0$：母平均之差不爲 0（雙邊檢定）
- 對立假設 $H_1：\delta > 0$：母平均之差比 0 大（單邊檢定）
- 對立假設 $H_1：\delta < 0$：母平均之差比 0 小（單邊檢定）

　　許多時候，是檢討對立假設 1「母平均之差不是 $0(H_1：\delta \neq 0)$」。

9.1.2 利用貝氏法獨立 2 樣本的母平均檢定

　　2 個樣本各自的母平均設爲 μ_1, μ_2，母變異數設爲 σ_1^2, σ_2^2，母平均之差設爲 $\delta = \mu_1 - \mu_2$。此處要求出的母數是 δ, σ_1^2, σ_2^2，事後分配爲

$$f(\delta, \sigma_1^2, \sigma_2^2 | x) = \frac{f(x | \delta, \sigma_1^2, \sigma_2^2)\, f(\delta, \sigma_1^2, \sigma_2^2)}{f(x)}$$

$$\propto f(x | \delta, \sigma_1^2, \sigma_2^2) f(\delta, \sigma_1^2, \sigma_2^2) \tag{1}$$

貝氏因子是

$$B_{01} = \frac{f(x | H_0)}{f(x | H_1)} = \frac{f(x | \delta = 0, \sigma_1^2, \sigma_2^2)}{f(x | \delta \neq 0, \sigma_1^2, \sigma_2^2)} \tag{2}$$

　　由 (1) 式來看，有需要決定母平均之差與 2 個母變異數的聯合事前分配 $f(\delta, \sigma_1^2, \sigma_2^2)$，簡言之，即母平均之差與母變異數的事前分配。

　　就獨立 2 樣本母平均的檢定來說，2 樣本的母變異數已知否？相等否？可以設定的事前分配是不同的。以下，就能設定的事前分配分成以下情形來說明。

(1) 母變異數已知時

　　設定了 2 樣本的母變異數之值後，即可設定 2 樣本的母平均的事前分配。以母平均的事前分配來說，可以設定無資訊事前分配的擴張分配，以及不是無資訊事前分配的常態分配。

(2) 母變異數未知但相等時

以 2 樣本的母變異數的事前分配來說，可以設定無資訊事前分配的 Jeffreys 的事前分配，以及不是無資訊事前分配的逆卡方分配。並且，2 樣本母平均的事前分配，可以自動地被設定成無資訊事前分配的擴張分配。

(3) 母平均未知且不相等時

2 樣本的母平均與變異數可以自動地被指定成無資訊事前分配的擴張分配。

基本上，基於 (2) 母變異數未知且相等或 (3) 母變異數已知且不相等的任一情形加以設定。2 標本的變異數或標準差之值接近時，使用 (2)，不是如此時，使用 (3) 方法。

另外，在獨立 2 樣本的母平均檢定中，貝氏因子使用以下 3 種方法。

(1) Rouder 法

這是 SPSS 的預設。設定無資訊事前分配當作母平均與母變異數的事前分配，再計算貝氏因子。

(2) Gonen 法

設定以標準差 σ_o 除以母平均之差所得之值的效果量，再計算貝氏因子。

(3) 超事前分配法

對 Gonen 法所說明的效果量設定超事前分配 (hyper-g)，計算貝氏因子。

基本上 SPSS 的預設可以使用 (1)Rounder 法。事前如有能活用的資訊時，可以使用 (2)Gonen 法與 (3) 超事前分配法。

9.2 利用SPSS獨立2樣本的母平均檢定

9.2.1 利用 SPSS 獨立 2 樣本的母平均檢定

此次利用〔獨立2樣本的母平均的檢定.sav〕的數據。此數據是表示2類分別為 A 組及 B 組的英語期末考的分數。A 組與 B 組的英語期末考的平均分數是否有差異，以獨立2樣本的母平均檢定加以探討。

針對考試分數，A 組的母平均設為 μ_1，上課後的母平均設為 μ_2，母平均之差 $\delta = \mu_1 - \mu_2$，檢討以下的虛無假設與對立假設。

- 虛無假設 $H_0 : \delta = 0$
- 對立假設 $H_1 : \delta \neq 0$

步驟1 從清單中選擇〔分析〕＞〔貝氏統計量〕＞〔獨立樣本常態〕。

步驟 2 顯示出〔貝氏獨立樣本推論〕的對話框。

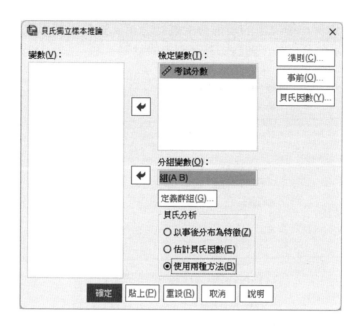

· 從左側的變數一覽表中，在 2 樣本母平均的檢定中選擇要比較平均值的「考試分數」，按 ← 投入到〔檢定變數〕中。接著，選擇表示不同類的「組」，按 ← 投入〔組化變數〕中。當出現〔組（？？）〕時，選擇〔組定義〕，於組 1 輸入 A，組 2 輸入 B。

· 事後分配爲了求兩種方法，在〔貝氏分析〕中選擇〔使用兩種方法〕。

步驟 3　要變更事前分配時，選擇〔事前（O）〕。

此次是基於 (3) 母變異數未知且不等，亦即，以無資訊事前分配的擴張分配當作母平均與母變異數的事前分配進行分析。對於母變異數已知與相等時，以及有事前資訊時，則設定其它的事前分配。

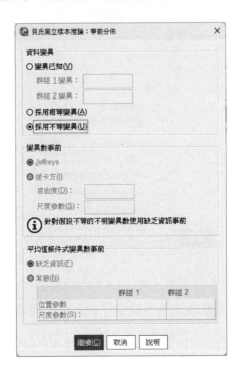

步驟 4　要變更貝氏因子的計算方法時，點選〔貝氏因子〕。

此次是以預設的 Rounder 法計算貝氏因子，以 Gonen 方法或超事前分配（Hyper-Prior）方法計算貝氏因子時，可變更選擇各別的數據與方法。

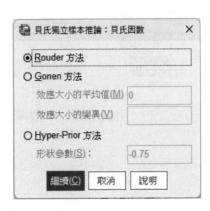

步驟 5　變更信用區間與數值的方法時，選擇〔準則〕。

此次是按照預設進行分析，將信用區間變更成 99% 時與方法之值時，輸入其值。

步驟 6　最後按〔確定〕，即輸出結果。

9.2.2　利用 SPSS 獨立 2 樣本母平均檢定的結果確認

步驟 1　為了確認 2 樣本的平均值與標準差，確認〔組統計量〕。

群組統計量

	組	數目	平均值	標準偏差	標準誤平均值
考試分數	= A	50	50.14	13.155	1.860
	= B	50	64.74	5.813	.822

・N 是表示各班的人數。

步驟 2　為了確認貝氏因子，確認〔貝氏因子獨立樣本的檢定〕。

貝氏因子獨立樣本檢定（方法 = Rouder）[a]

	平均值差異	聯合排存的標準誤差異	貝氏因子[b]	t	df	顯著性（雙尾）
考試分數	14.60	2.034	.000	7.178	98	<.001

a. 假設群組之間的變異不相等。

b. 貝氏因子：空值與替代假設。

- 貝氏因子得出 BF_{01} = .000 的結果。BF_{01} = .000 是指〔虛無假設相對於對立假設可信度約 0.000 倍〕。並且，因子因子未滿 1/100(= 0.01) 之值，可以解釋爲〔對於對立假設來說得出了最高水準的依據〕。
- t 值與自由度，顯著機率（雙邊）是基於 p 值進行假設檢定的結果。此次依據 $t(98)$ = 7.18，$p < 0.001$，可以認爲 A 組與 B 組的考試評均分數在 0.1% 水準下是有顯著差的。

步驟 3 爲了確認母平均之差的事後分配，確認〔獨立樣本平均值的事後平均分配評價〕。

獨立樣本平均值的事後分布特徵[a]

	後段			95% 信賴區間	
	眾數	平均值	變異	下限	上限
考試分數	14.60	14.60	4.313	10.52	18.68

a. 變異的事前：Diffuse。平均值的事前：Diffuse。

- 對於考試分數的母平均之差的事後分配得知眾數 MAP = 14.60，平均值 EAP = 14.60，變異數爲 4.413，95% 信用區間爲 [10.52,18.68] 的結果。
  95% 信用區間未包含 0，所以可以說 B 組的考試的平均分數較高。
  另外，95% 信用區間的下限是 10.52 分，其差確實可以說在 10 分以上。

步驟 4 確認對數假似函數、事前分配、事後分配
  與前面的分析不同，事前分配得到 2 個輸出。事前機率分配 (A) 是有關 A 組考試分數的事前分配，事前機率分配(B) 是有關 B 組考試分數的事前分配。
  雖輸出了對數概似函數的結果，但因爲只是取概似函數的對數，所以本質上並未改變。因此，不須擔心去確認結果。

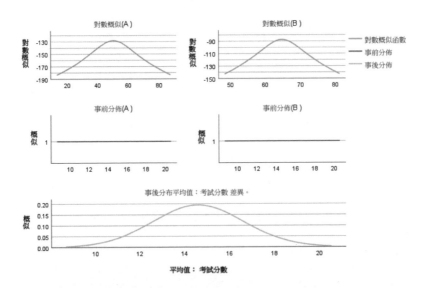

9.3 獨立2樣本母平均檢定的結果報告

本章的最後，對於所得出的獨立 2 樣本母平均的檢定結果如何在論文或報告中發表加以說明。

可以按如下報告。

- 所使用的數據概要（樣本大小、樣本平均與標準差是必須的）
- 虛無假設與對立假設
- 使用的事前分配與數值的分法
- 貝氏因子與其評價
- 母平均之差的事後分配的眾數、平均值、信用區間、變異數

報告例

在 A 組（50 人）與 B 組（50 人）中針對英語的期末考分數，將平均分數 (M) 與標準差 (SD) 作成表。

	M	SD
A 組	50.14	13.16
B 組	64.74	5.81

A 組與 B 組考試分數的母平均之差當作 δ，虛無假設「$H_0 : \delta = 0$」，對立假設 $[H_1 : \delta \neq 0]$ 進行了有對應的 2 樣本的母平均檢定。母平均之差與母平均的事前分配設定成無資訊事前分配的不明分配。並且，在事後分配的估計中 SPSS 的預設是使用適應高斯、羅伯特求積（容許度 0.000001，最大反覆數 2000），另外，因子因子在 SPSS 預設中是依據 Rounder 法。

結果，虛無假設相對於對立假設的貝氏因子是 $BF_{01} = .000$，因之，對於對立假設來說可得出最高水準的依據。並且，對於母平均之差 δ 的事後分配來說，眾數是 MAP = 14.60，平均值是 EAP = 14.60，95% 信用區間是 [10.52,18.68]，變異數是 4.31。由以上顯示，B 組與英語的期末考試的平均分數較高。

Note

第 10 章
單因子變異數分析

本章內容

10.1 變異數分析

10.1.1 變異數分析

變異數分析是檢討從 3 個以上的組成條件所得出的母平均是否不同,亦即,檢討 3 樣本以上的母平均是否不同的方法。譬如,在以下的情形中進行變異數分析。

- 為了確認某減肥的效果,參加者 40 人,在實施前、實施 10 週後、實施 20 週後測量體重。平均體重分別為實施前是 75.2kg,實施 10 週後是 72.1kg,實施 20 週後是 71.9kg。能否說減肥有效果呢?
- 此次期末考的平均分數,A 組是 70 分,B 組是 60 分,C 組是 65 分,此 3 組的平均分數是否有差異?

關於母平均之差的分析稱為「變異數分析」感到奇怪的人也許有吧!其稱為「變異數分析」是著眼於各樣本與整個樣本平均之間的「變異數」所致。為了容易了解概念,記成下圖。圖中的箭線 (↔) 是表示各樣本偏離樣本的總平均的變異數大小。由圖可知,變異數大時,平均值之差即大,變異數小時,平均值之差即小。像這樣,著眼於變異數的大小,為了檢討 3 樣本以上母平均是否有差異,將 3 樣本以上的母平均之差的分析稱為變異數分析。

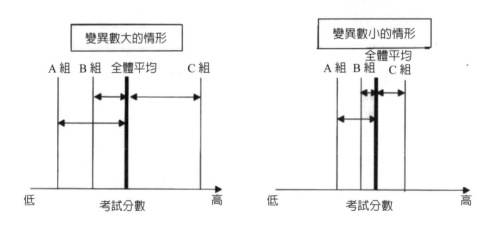

10.1.2 單因子變異數分析與雙因子變異數分析

變異數分析可以想成是組成條件的不同造成樣本的平均值有差異的原因。因此,組成條件之不同稱為要因。在先前的減肥法中,實施前、實施 10 週後、實施 20 週後之「時期」,在期末考的例中,A 組、B 組、C 組之

「組」即為要因。必且，如 A 組、B 組、C 組那樣，要因的可能取值稱為水準。

另外，變異數分析的要因不限於一個。譬如，為了驗證減肥法的效果，設定實施減肥法的組與來實施的組，比較實施前、實施 10 週後、實施 20 週後的體重。此時的要因是「減肥法之有無」（水準：有，無）與「時期」（水準：實施前，實施 10 週後，實施 20 週後）。

取決於此要因的個數，變異數分析的名稱即有不同，要因 1 個時稱為單因子變異數分析，2 個時稱為雙因子變異數分析，3 個以上時稱為多因子變異數分析。

可惜的是目前的 SPSS 的清單中，並未包含利用貝氏法的雙因子變異數分析與多因子變異數分析，因而無法簡單地進行分析。想利用貝氏法進行這些的分析時，可利用貝氏法的迴歸分析替代性地執行，或使用像 TASP 或 R 的其他統計軟體。

10.1.3 受試者內要因與受試者間要因

與 2 樣本母平均檢定一樣，在變異數分析中有需要確認數據有無對應。換言之，確認要因有無對應。在變異數分析中，有對應的要因稱為受試者內要因，無對應的要因稱為受試者間要因。並且，在 2 要因以上的變異數分析中是包含有受試者內要因與受試者間要因兩種情形。像這樣，包含受試者內要因與受試者間要因兩者稱為混合要因。在 10.1.2 節中所說明的減肥法例中，「減肥法之有無」是「受試者間要因」，「時期」是「受試者內要因」的混合要因。

另外，受試者內要因的變異數分析，從相同的個體反覆數次測量的數據，也稱為反覆測量變異數分析。

目前 SPSS 是可以執行受試者間要因的單因子變異數分析與單因子反覆測量變異數分析。因此，本章是針對受試者間要因的單因子變異數分析，下一章則針對單因子反覆測量變異數分析加以說明。

10.1.4 變異數分析的前提條件

與 2 樣本母平均檢定同樣，進行變異數分析之前有需要確認以下 2 點。

- 是否為間隔數據或比例數據呢？
  - ➤ 變異數分析是只能對間隔數據或比例數據進行分析。因之，要分析比較 A,B,C 案的贊成率之數的名義尺度時，試著進行比率之差的檢定與卡方檢定看看。
- 是否為受試者內要因或是受試者間要因呢？（參照 10.1.3 節）

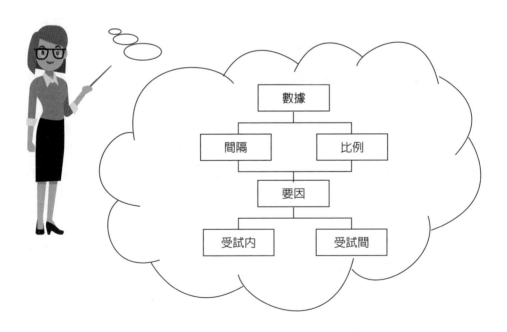

10.2 單因子變異數分析

10.2.1 單因子變異數分析的虛無假設與對立假設

某要因的水準個數設為 m 時，m 水準分別的母平均數設為 $\mu_1, \mu_2, \cdots, \mu_m$。

在單因子變異數分析中，虛無假設當作「所有樣本間的母平均相等（H_0：$\mu_1 = \mu_2 = \cdots = \mu_n$）」。而且，對立假設是「某樣本間母平均不相等」。並非是「所有樣本間母平均不相等」是要注意的地方。並且，變異數分析與前面的分析不同，單邊檢定是不檢討（無法檢討）也是要注意的地方。

- 虛無假設 H_0：$\mu_1 = \mu_2 = \cdots = \mu_m$：所有樣本間母平均相等。
- 對立假設 H_1：某樣本間母平均不相等。

10.2.2 利用貝氏法單因子變異數分析

某因子的水準數設為 m。此時，m 水準各別的母平均設為 $\mu_1, \mu_2, \cdots, \mu_m$，母變異數設為 $\sigma_1^2, \sigma_2^2, \cdots, \sigma_m^2$。此處要求出的母數是 $\mu_1, \mu_2, \cdots, \mu_m, \sigma_1^2, \sigma_2^2, \cdots, \sigma_m^2$，因之事後分配

$$f(\mu_1, \mu_2, \cdots, \mu_m, \sigma_1^2, \sigma_2^2, \cdots, \sigma_m^2 \mid x)$$

$$= \frac{f(x \mid \mu_1, \mu_2, \cdots, \mu_m, \sigma_1^2, \sigma_2^2, \cdots \sigma_m^2), f(\mu_1, \mu_2, \cdots, \mu_m, \sigma_1^2, \sigma_2^2, \cdots, \sigma_m^2)}{f(x)}$$

$$\propto f(x \mid \mu_1, \mu_2, \cdots, \mu_m, \sigma_1^2, \sigma_2^2, \cdots, \sigma_m^2) f(\mu_1, \mu_2, \cdots, \mu_m, \sigma_1^2, \sigma_2^2, \cdots, \sigma_m^2) \tag{1}$$

貝氏因子是

$$B_{01} = \frac{f(x \mid H_0)}{f(x \mid H_1)} = \frac{f(x \mid \mu_1 = \mu_2 = \cdots = \mu_m, \sigma_1^2, \sigma_2^2, \cdots, \sigma_m^2)}{f(x \mid H_1)} \tag{2}$$

另外，利用 SPSS 的變異數分析的貝氏因子是使用

$$B_{10} = \frac{f(x \mid H_1)}{f(x \mid H_0)} = \frac{f(x \mid H_1)}{f(x \mid \mu_1 = \mu_2 = \cdots = \mu_m, \sigma_1^2, \sigma_2^2, \cdots, \sigma_m^2)} = \frac{1}{B_{01}} \tag{3}$$

換言之，變異數分析中的貝氏因子 B_{10} 是表示「相對於虛無假設來說對立假設有何種程度的可信度」。腦海中先有此事，再確認分析結果。如 4.2.4 節中所說明，(3) 式的最左邊與最右邊來看，B_{10} 與 B_{01} 是倒數關係。與前面的一樣，想報告貝式因子 B_{01} 時，將 SPSS 所得出之變異數分析的貝氏因子之值取倒數即可。

由式 (1) 來看，有需要決定母平均與母變異數的事前分配，亦即，m 水準

各別的母平均與母變異數的聯合事前分配 $f(\mu_1, \mu_2, \cdots, \mu_m, \sigma_1^2, \sigma_2^2, \cdots, \sigma_m^2)$。
SPSS 能使用的事前分配有參照事前分配與共軛事前分配。各別的特徵如下
表所示。SPSS 的預設是設定無資訊事前分配的參照事前分配。沒有能利用
的事前資訊時，可以按照預設進行。如果有能利用的事前資訊時，配合該資
訊可變更母平均與母變異數的事前分配的母數。

參照事前分配	使用來自數據的資訊，並且事前資訊是稀薄的分配，可以當作無資訊事前分配。
共軛事前分配	事後分配與事前分配被設定成同種類的分配。事前分配使用共軛事前分配，可以簡單快速地計算事後分配。可是，共軛事前分配的設定被批評隨便，而且最近的馬可夫鏈蒙地卡羅法（Markov chain Monte Carlo methods：MCMC）的發展，它的優點正在減少。SPSS 以單因子變異數分析的共軛事前分配來說，母平均與母變異數的事前分配被設定成事前逆 Gamma 聯合分配。

而且，利用 SPSS 的單因子變異數分析，貝氏因子的計算方法有以下 4 種。

(1) JZS 法
　　這是 SPSS 的預設方法。稱為 Zellner-Siow 法。

(2) Jeruna 法
　　設定 Jernuna 的 g 事前分配（比 0 大之值），計算貝氏因子。

(3) 超事前分配
　　設定逆 Gamma 分配的形狀（比 0 大之值），計算貝氏因子。另外，預設
的形狀母數之值成為 3。

(4) Rouder 法
　　設定逆 Gamma 分配的尺度母數（比 0 大之值），計算貝氏因子。
　　另外，預設的尺度母數之值成為 1。
　　基本上 SPSS 的預設使用 (1)Zellner-Siow 方法是可行的。
　　如事前有能活用的資訊時，使用 (2) 到 (4) 的方法也是可行的。

10.3 利用SPSS的單因子變異數分析

10.3.1 利用 SPSS 的單因子變異數分析

此次利用〔單因子變異數分析 .sav〕數據。此數據是表示 3 組即 A 組、B 組、C 組的英語期末考分數。A,B,C 三組英語的期末考平均分數是否有差異，以變異數分析檢討。另外，組是要因，水準是 A 組、B 組、C 組。

虛無假設與對立假設成爲如下：

· 虛無假設：所有的組之間考試分數的母平均相等。
· 對立假設：某組之間考試分數的母平均不相等。

步驟 1　從清單中選擇〔分析〕＞〔貝氏統計〕＞〔單因子變異數分析〕。

步驟 2　顯示〔單因子變異數分析〕對話框。

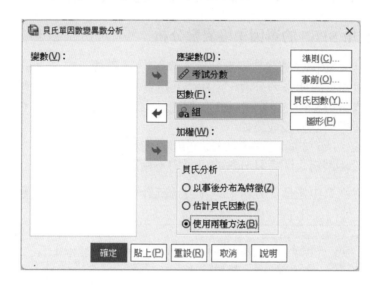

- 從左側的變數一覽表選擇要比較平均值的〔考試分數〕，按 ⮕ 投入〔依變數〕中。其次，選擇作為要因的〔組〕，按 ⮕ 投入〔因子〕中。
- 為了求事後分配與貝氏因子兩者，於〔貝氏分析〕選擇〔使用兩種方法〕。

步驟 3　變更事前分配時，選擇〔事前機率〕。
　　此次按照預設的參照事前分配，即無資訊事前分配進行分析，如有事前資訊時，選擇共軛事前分配，設定母數之值。

- 誤差的變異數的事前機率，設定逆 Gamma 分配作為事前分配。取決於能利用的事前資訊，形狀母數與尺度母數可分別設定各自的值（比 0 大之值）。
- 迴歸母數的事前機率，可以分別就平均值、變異數、共變數設定事前分配。取決於能利用的事前資訊，分別輸入值。

步驟 4　變更貝氏因子的計算方法時，點選〔貝氏因子〕。

　　此次是利用預設的 JZS 法計算貝氏因子。有事前資訊等，利用其他方法計算貝氏因子時，再變更選擇各自的數值與方法。

步驟 5 為了輸出有關事前分配、事後分配、概似函數，選擇〔圖形〕。

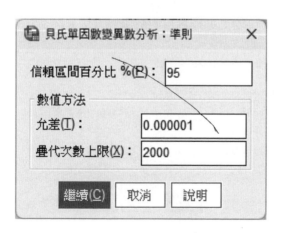

· 為了輸出 A 組、B 組、C 組考試分數的事前分配、事後分配、概似函數的圖形，因之分別勾選。

步驟 6 變更信用區間與數值性的方法時，選擇〔準則〕。

此次按照預設進行分析，信用區間變更成時與變更方法的數值時，分別輸入數值。

步驟 7　最後按〔確定〕，即輸出結果。

10.3.2 利用 SPSS 單因子變異數分析的結果確認

步驟 1　以〔變異數分析〕確認變異數分析的結果。

變異數分析

考試分數	平方和	df	均方	F	顯著性	貝氏因子[a]
組間	1383.633	2	691.817	7.677	.001	13.098
組內	5136.700	57	90.118			
總計	6520.333	59				

a. 貝氏因子：JZS

- 得出貝氏因子 BF_{10} = 13.098 的結果。BF_{10} = 13.098 意指〔對立假設相對於虛無假設來說約有 13.098 倍的可信度〕。並且，貝氏因子是 10 到 30 之間，解釋成「對於對立假設來說得出了強烈的證據」。
- F 值、自由度、顯著性是基於 p 值進行假設檢定之結果。
  此次的情形，$F(2, 57)$ = 7.68, $P < 0.01$，因之可以認為 A 組、B 組、C 組考試的平均分數在水準下有顯著差。

步驟 2　母平均的事後分配利用〔係數的貝氏估計值〕加以確認。

貝氏係數估計[a,b,c]

參數	後段			95% 信賴區間	
	眾數	平均值	變異	下限	上限
組 = A	48.450	48.450	4.670	44.199	52.701
組 = B	53.850	53.850	4.670	49.599	58.101
組 = C	60.200	60.200	4.670	55.949	64.451

a. 應變數：考試分數

b. 模型：組

c. 採用標準參照事前。

‧針對各組的考試分數,母平均的事後分配即可被輸出。譬如,對於 A 組的母平均的事後分配來說,得出眾數是 MAP = 48.450,平均值 EAP = 48.450,變異數為 4.670,95% 信用區間 [44.199,52.701] 的結果。

‧為了比較組間考試分數的母平均大小,確認 95% 信用區間是否重疊。95% 信用區間未重疊時,可以認為組間考試分數的母平均有差異。此次,A 組、B 組、C 組的母平均的信用區間未重疊,A 組與 C 組的母平均有差異,特別是 C 組比 A 組的平均分數較高。以及,A 組、B 組、C 組的母平均的 95% 信用區間未重疊,可以認為它們之間母平均無差異。

步驟 3　以圖確認對數概似函數、事前分配、事後分配。

雖輸出對數概似函數的結果,因為只取概似函數的對數,因之其本質並未改變。因之,不必擔心去確認結果。

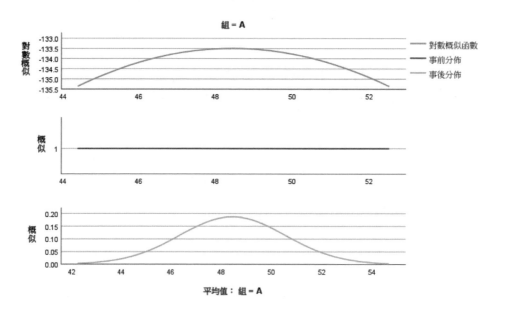

10.4　單因子變異數分析的結果報告

本章的最後，如何將所得到的單因子變異數分析的結果在論文或報告中發表呢？就此加以說明。
- 所使用的數據的概要（樣本大小、樣本平均與標準差是必須的）
- 虛無假設與對立假設
- 所使用的事前分配與數值性的方法
- 貝氏因子與其評價
- 母平均的事後分配的眾數、平均值、信用區間、變異數

報告例

在 A 組（20 人）、B 組（20 人）、C 組（20 人）中英語的期末考分數，將平均（M）與標準差（SD）表記如下。

	M	SD
A 組	48.45	12.34
B 組	53.85	9.16
C 組	60.20	5.85

為了檢討組內平均分數的差異，虛無假設當作〔所有組間考試分數的母平均相等〕，對立假設當作〔某組之間考試分數的母平均不相等〕，進行變異數分析。事前分配是 SPSS 的預設，使用事前資訊稀薄的參照事前分配。接著，事後分配的估計是使用 SPSS 預設的調適性高斯‧羅伯特求積（容許度 0.000001，最大反覆數 2000）。另外，貝氏因子是依據 SPSS 預設的 Zellner-Siow 方法。

結果，對立假設相對於虛無假設的貝氏因子是 $BF_{10} = 13.10$，因之，對於對立假設來說可得出強烈的證據。並且，各組考試分數的母平均的事後分配記成下表。

	MAP	EAP	信用區間	變異數
A 組	98.45	48.45		4.67
B 組	53.85	53.85		4.67
C 組	60.20	60.20		4.67

對於 A 組與 C 組來說，考試分數的母平均的事後分配的 95% 信用區間並未重疊，因之，顯示英語的期末考分數的平均分數 C 組比 A 組高。

第 11 章
重複測量變異數分析

本章內容

11.1 重複測量變異數分析

11.1.1 重複測量變異數分析

所謂重複測量變異數分析是有對應的要因（受試者內要因）的變異數分析，從相同個體次數重複所得出的數據檢討其母平均之差異的方法。譬如，在如下的場面中進行重複測量變異數分析。

- 爲了檢討某實驗對心跳數的影響，針對 20 名參與者，對實驗前、實驗中、實驗後測量心跳數。其結果，心跳數的平均數分別爲 75.3、83.2、72.0。實驗能說對心跳數有影響嗎？
- 爲了驗證某減肥法的效果，參與者 40 人測量實施前、實施 10 週後、實施 20 週後的體重。平均體重分別是實施前 75.2kg，實施 10 週後 72.1kg，實施 20 週後 71.9kg，減肥法能否說有效呢？

重複測量變異數分析與單因子變異數分析一樣，某要因 m 水準母平均分別爲 $\mu_1, \mu_2, \cdots, \mu_m$，虛無假設爲〔所有樣本間母平均相等（$H_0 : \mu_1 = \mu_2 = \cdots = \mu_m$）〕。並且，對立假設是〔某樣本間母平均不相等〕。

- 虛無假設 $H_0 : \mu_1 = \mu_2 = \cdots = \mu_m$：所有樣本間母平均相等
- 對立假設 H_1：某樣本間母平均不相等

11.1.2 球面性的假定

重複測量變異數分析，因爲是從相同的個體數次重複得出數據，因之可以設想觀測值相互不獨立。觀測值相互不獨立時，水準間之差的變異數不相等，有時無法高明地統計變異數分析的結果。因之，在重複測量變異數分析之前，有需要確認水準間之差的變異數是否相等，亦即，是否滿足球面性的假定。

以確認球面性假定的方法來說，有 Mauchly 的球面性檢定。此檢定的虛無假設是〔水準間之差的變異數相等〕，對立假設是〔水準間之差的變異數不相等〕。換言之，與前面的分析不同，不否定虛無假設是最好的。SPSS 執行重複測量的變異數分析時，也會輸出 Mauchly 的球面性檢定，因之一定要確認。

另外，球面性檢定是有關〔水準間之差的變異數相等〕，因之水準數 2 之時，水準間之差只有 1 類型，所以不用進行分析（不需要）。

11.1.3 利用貝氏法的重複測量變異數分析

某要因 m 水準母平均分別設爲 $\mu_1, \mu_2, \cdots, \mu_m$，母變異數分別設爲 $\sigma_1^2, \sigma_2^2, \cdots,$ σ_m^2。此處要求出的母數是 $\mu_1, \mu_2, \cdots, \mu_m$，$\sigma_1^2, \sigma_2^2, \cdots, \sigma_m^2$，

因之事後分配爲

$$f(\mu_1, \mu_2, \cdots, \mu_m, \sigma_1^2, \sigma_2^2, \cdots, \sigma_m^2 \mid x)$$
$$= \frac{f(x \mid \mu_1, \mu_2, \cdots, \mu_m, \sigma_1^2, \sigma_2^2, \cdots \sigma_m^2) \, f(\mu_1, \mu_2, \cdots, \mu_m, \sigma_1^2, \sigma_2^2, \cdots, \sigma_m^2)}{f(x)}$$
$$\propto f(x \mid \mu_1, \mu_2, \cdots, \mu_m, \sigma_1^2, \sigma_2^2, \cdots, \sigma_m^2) f(\mu_1, \mu_2, \cdots, \mu_m, \sigma_1^2, \sigma_2^2, \cdots, \sigma_m^2) \tag{1}$$

貝氏因子是

$$B_{01} = \frac{f(x \mid H_0)}{f(x \mid H_1)} = \frac{f(x \mid \mu_1 = \mu_2 = \cdots = \mu_m, \sigma_1^2, \sigma_2^2, \cdots, \sigma_m^2)}{f(x \mid H_1)} \tag{2}$$

利用 SPSS 的重複測量變異數分析中的貝氏因子是

$$B_{10} = \frac{f(x \mid H_1)}{f(x \mid H_0)} = \frac{f(x \mid H_1)}{f(x \mid \mu_1 = \mu_2 = \cdots = \mu_m, \sigma_1^2, \sigma_2^2, \cdots, \sigma_m^2)} = \frac{1}{B_{01}} \tag{3}$$

與單因子變異數一樣，重複測量變異數分析的貝氏因子 B_{10} 是表示〔對立假設相對於虛無假設的可信度的程度是如何〕。

與單因子變異數分析不同，利用 SPSS 的重複測量變異數分析，分析者無法設定事前分配。取而代之，基於使用近似貝氏中心極限定理的多變量常態分配，所以會自動地導出母平均的事後分配。

另外，利用 SPSS 的重複測量變異數分析，以貝氏因子的計算方法來說，可以選擇以下 2 種方法。基本上，可以使用 SPSS 預設的貝氏資訊量基準（BIC）的方法。

(1) 利用貝氏資訊量基準（BIC）的方法

這是 SPSS 預設的方法。利用虛無假設與對立假設的貝氏資訊量基準（BIC）的近似，計算貝氏因子。

(2) 利用 Rounder 的混合計量的方法

由母平均與母變異數所構成之值的效果量的事前分配設定柯西（Cauchy）分配，母變異數設定無資訊事前分配，計算貝氏因子。

11.2 利用SPSS的重複測量變異數分析

11.2.1 利用 SPSS 重複測量變異數分析

此次利用〔重複測量變異數分析 .sav〕的數據。此數據是表示 30 位學生接受某課程前（事前）、接受課程不久後（事後）、接受 1 個月後（延遲）的考試分數。事前、事後、延遲的平均分數是否有差異，利用重複測量變異數分析加以檢討。而且，時點是要因，水準為事前、事後、延遲。

虛無假設與對立假設表示如下：

- 虛無假設：事前、事後、延遲的考試分數的母平均相等
- 對立假設：事前、事後、延遲的考試分數的母平均不相等

步驟 1　從清單中選出〔分析〕＞〔貝氏分析〕＞〔重複量數單因子變異數分析〕。

步驟 2 顯示出〔重複量數單因子變異數分析〕的對話框。

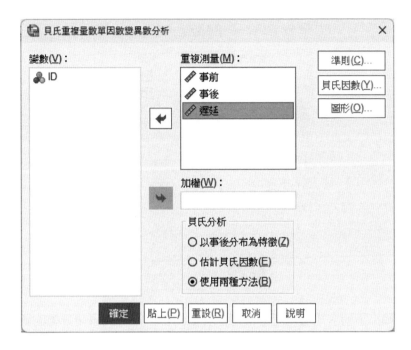

- 從左側的變數一覽表中選擇在變異數分析中要比較的〔事前〕〔事後〕〔延遲〕按  投入〔重複測量〕。
- 爲了求出事後分配與貝氏因子兩者,在〔貝氏分析〕中選擇(使用兩種方法)

步驟 3 變更貝氏因子的計算方法時,選擇〔貝氏因子〕。
此次是利用預設的貝氏資訊量基準(BIC)方法計算貝氏因子。
利用 Rouder 的混合計畫計算貝氏因子時,則選擇它。

步驟 4 為了輸出有關事後分配的圖形，選擇〔圖形〕。

・為了輸出事前、事後、延遲的考試分數的母平均有關事後分配的圖形，即
分別勾選。

步驟 5 變更信用區間與數值性的方法時，選擇〔準則〕。

此次雖然按照預設進行，將信用區間變更成 99% 時，或在數值性方法中
變更蒙地卡羅樣本數等時，則分別變更各自的數值。

- 在自訂種子的設定中，爲了亂數的發生可以變更種子的數值。SPSS 的預設是被設定成隨機值。另外，種子值可以從 1 變更至 2147483647 之間。
- 蒙地卡羅樣本數，可以變更爲了蒙地卡羅近似法所使用的樣本數。預設是 30000，可以在 10^3 到 10^6 的範圍中變更。

步驟 6 最後按〔確定〕即可輸出結果。

11.2.2 利用 SPSS 重複測量變異數分析的結果確認

步驟 1 利用〔受試者內因子水準的記述統計量〕確認各水準的記述統計量。

受試者內因素層級的敘述統計

應變數	平均值	標準偏差	數目	下限值	上限值
事前	46.00	13.668	30	23	80
事後	58.73	16.974	30	31	100
遲延	58.23	16.841	30	31	99

步驟 2 貝氏因子與球面性假定利用〔貝氏因子與球面性檢定〕來確認。

貝氏因子及球形檢定

		Mauchly 的球形檢定		
	貝氏因子.[a]	Mauchly's W[b]	近似卡方檢定	df	顯著性
受試者內效應	3.418E+26	.855	4.385	2	.112

a. 方法：BIC 近似值。檢定模型與虛無模型。

b. Mauchly 檢定使用間隔相等的多項式對比來檢定虛無假設：正交化轉換之應變數的誤差共變異數矩陣是否與恆等式矩陣成比例。

- 貝氏因子得出 $BF_{10} = 3.418E + 26 = 3.418 \times 10^{26}$ 的結果。$BF_{10} = 3.418 \times 10^{26}$，意指相對於虛無假設來說對立假設的可信度約爲 3.418×10^{26} 倍。並且，貝氏因子是比 100 大之值，可解釋「對於對立假設來說得出了最高水準的證據」。
- Mauchly 的 W、近似卡方、自由度、顯著是進行 Mauchly 球面性檢定之結果。顯著性表示成 p 值。此次的情形，$p = .112$ 來滿足常用的顯著水準，因之可以判斷滿足球面性的假定。

步驟 3　母平均的事後分配以〔組平均的貝氏估計值〕來確認。

群組平均數的貝氏估計[a]

應變數	眾數	後段平均值	變異	95% 信賴區間下限	上限
事前	46.00	46.00	8.148	40.41	51.59
事後	58.73	58.73	8.148	53.14	64.33
遲延	58.23	58.23	8.148	52.64	63.83

a. 事後分佈是根據貝氏中心限制理論來估計的。

- 針對事前、事後、延遲的考試分數，可輸出母平均的事後分配。譬如，對於事前的母平均的事後分配得出眾數 MAP = 46.00，平均值 EAP = 46.00，變異數為 8.148，95% 信用區間為 [40.41,51.59] 之結果。
- 為了比較事前、事後、延遲之考試分數的母平均大小，要確認 95% 信用區間是否重疊。95% 信用區間未重疊時，在時點間上可以想成考試分數的母平均有差異。此次的情形，事前與事後、事前與遲疑的母平均的95%信用區間未重疊，因之這些母平均是有差異的。亦即事前的考試分數的平均可以想成是比事後與延遲低。並且，事後與延遲的母平均的 95% 信賴區間是重疊的，因之想成此 2 個母平均並無差異。由以上來看，從事前到事後考試的平均分數變高，考試分數的高低從事後到延遲是被維持著的。

步驟 4　以圖確認母平均的事後分配。

就母平均的事後分配而言，可輸出它的概似。想以視覺確認母平均的事後分配時可以參照。另外，與前面的分析不同，未輸出對數概似函數與事前分配的圖形，因之要注意。

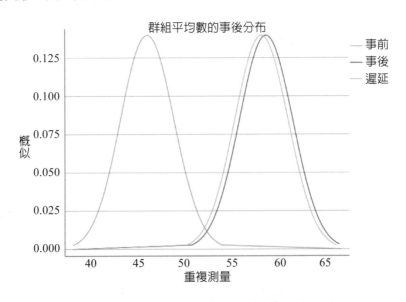

11.3　重複測量變異數分析的結果報告

本章的最後，將所得到的重複測量變異數分析如何在論文或報告中發表。此情形可按如下來報告。
- 使用數據的概要（樣本大小、樣本平均與標準差是必須的）
- 虛無假設與對立假設
- 所使用的貝氏因子的估計方法與數值的方法
  ➤ 數值性的方法與以往不同，是蒙地卡羅近似法。此時，蒙地卡羅近似法所使用的樣本數也要明記。
- 貝氏因子與其評價
- 母平均的事後分配的眾數、平均值、信用區間、變異數

報告例

30 位學生在接受某課程前（事前）、接受不久後（事後）、接受 1 個月（延遲）的考試分數，將平均分數（M）與標準差（SD）作成下表。

	M	SD
事前	46.00	13.67
事後	58.73	16.97
延遲	58.23	16.84

為了檢討各時間點的平均數分數的差異，虛無假設當作「事前、事後、延遲的考試分數的母平均相等」，對立假設當作「事前、事後、延遲的考試分數的母平均不相等」進行反復測量變異數分析。並且，在事後分配的估計中是使用 SPSS 的預設中蒙地卡羅近似法（樣本數 30000）。

結果，相對於虛無假設來說對立假設的貝氏因子，可得出「對於對立假設而言最高水準的證據」。同時，將各時點的考試分數其母平均的事後分配記成表。

	MAP	EAP	信用區間	變異數
事前	46.00	46.00		8.15
事後	58.73	58.73		8.15
延遲	58.23	58.23		8.15

　　就事前與事後、事前與延遲的考試分數來說，母平均的事後分配的 95%
信用區間並未重疊。因之，事前考試的平均顯示比延遲低。

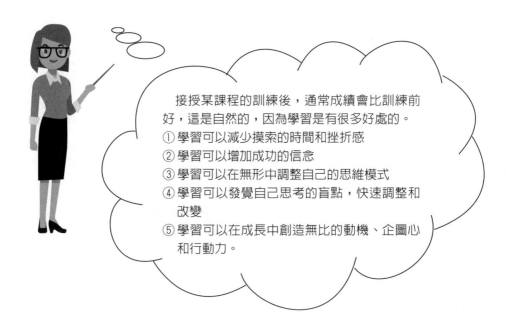

　　接授某課程的訓練後，通常成績會比訓練前
好，這是自然的，因為學習是有很多好處的。
① 學習可以減少摸索的時間和挫折感
② 學習可以增加成功的信念
③ 學習可以在無形中調整自己的思維模式
④ 學習可以發覺自己思考的盲點，快速調整和
　 改變
⑤ 學習可以在成長中創造無比的動機、企圖心
　 和行動力。

第 12 章
無相關檢定

本章內容

12.1 相關係數

12.1.1 相關

　　所謂相關是指 2 個量性數據的直線性關係。相關可分成「正相關」「負相關」「無相關」3 種。分別定義如下：
- 正相關：x 愈大（小），y 直線性的愈大（小）
　（例）學習時間愈長（短），考試的分數就愈高（低）
- 負相關：x 愈大（小），y 直線性的愈大（小）
　（例）最高氣溫愈高（低），關東煮的銷售就愈低（高）
- 無相關：x 與 y 不被認為有直線性的關係
　（例）最高氣溫與演員 A 的電影拍片數無直線性的關係。

　　直覺地掌握此相關係數的方法有使用散布圖的方法。所謂散布圖是 2 組數據當作座標點所描繪而成的圖形。相關關係與散布圖加上對應，即為如下。

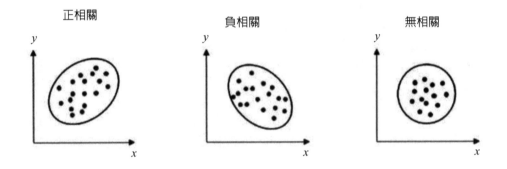

　　正相關，亦即「x 愈大，y 也直線性地變大」的情形，如左圖形成左上的散布圖。另一方面，負相關亦即「x 愈大，y 則直線性地變小」時，如正中央的圖，形成右下的散布圖。另外，無相間，亦即「x 與 y 不認為有直線性的關係」時，如右圖 x 與 y 呈現不規則的散布圖。

　　另外，像性別與喜歡蛋糕種類，2 個質性數據的關係稱為「關聯」。直覺地掌握，關聯關係的方法有使用分割表交叉累計表的方法。所謂交叉累計是將某數據的回答按另一數據的回答予以累計的方法。

	酥餅	乳酪蛋糕	薩赫蛋糕	抹茶蛋糕
男性	20	15	30	35
女性	25	25	35	15

12.1.2 相關係數

相關係數不僅是以直覺且視覺地利用散布圖來掌握，根據2個量性數據的平所求出的「相關係數」之指標，在數量上加以掌握。以下依序說明相關係數的計算方法與特徵。

對於x與y的2個數據組$(x_i, y_i)(i = 1, 2, \cdots, n)$來說，$x$與$y$的平均分別設為$\bar{x}, \bar{y}$，記入以下的圖形中。如此一來，利用$\bar{x}, \bar{y}$將圖分割成 I 到IV。

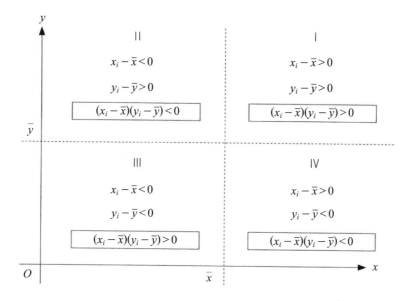

由 I 到IV，分別記入x與y偏離各自平均的「偏差」$(x_i - \bar{x})(y_i - \bar{y})$之等號。由此圖形知，對於偏差積來說以下事項事成立的。

- 當數據(x_i, y_i)居於 I 到IV時，偏差積$(x_i - \bar{x})(y_i - \bar{y}) > 0$
- 當數據(x_i, y_i)居於 II 到IV時，偏差積$(x_i - \bar{x})(y_i - \bar{y}) < 0$

此偏差積與相關係數有密切的關係。x與y是正相關時，形成右肩向上的散布圖，因之點大多集中在 I 與III。另一方面，x與y是負相關時，均勻地分布在 I 到IV之中。亦即，偏差積的正負與相關係數的正負判斷相關係數。因此，為了掌握數據合體的傾向，取偏差積的平均，利用此值判斷相關係數。此偏差積的平均稱為共變異數。

$$S_{xy} = \frac{1}{n}\Sigma_{i=1}^{n}(x_i - \bar{x})(y_i - \bar{y}) \tag{1}$$

同時，共變異數S_{xy}為正時是正相關，負時為負相關，近於零時為無相關。

　　然而，共變異數 S_{xy} 之值會受到數據的測量單位或分散的程度之影響，有此缺點，因此，將共變異數 S_{xy} 分別除以 x 與 y 各自的標準差，稱為皮爾相關係數（以下簡稱相關係數）。

$$r = \frac{S_{xy}}{S_x S_y} = \frac{\dfrac{1}{n}\sum_{i=1}^{n}(x_i - \bar{x})(y_i - \bar{y})}{\sqrt{\dfrac{1}{n}\sum_{i=1}^{n}(x_i - \bar{x})^2}\sqrt{\dfrac{1}{n}\sum_{i=1}^{n}(y_i - \bar{y})^2}}$$

$$= \frac{\sum_{i=1}^{n}(x_i - \bar{x})(y_i - \bar{y})}{\sqrt{\sum_{i=1}^{n}(x_i - \bar{x})^2}\sqrt{\sum_{i=1}^{n}(y_i - \bar{y})^2}} \tag{2}$$

　　相關係數 r 代表性質與統計學上的指標如下：
- $-1 \leq r \leq 1$
- r 的絕對值表示直線性的相關關係
  - ➤ r 的絕對值是 1：2 個數據是完全地直線關係
  - ➤ r 的絕對值是 0：2 個數據無直線性關係（無相關）
- r 的符號表示正・負的相關。
  - ➤ r 的值為正：正相關
  - ➤ r 的值為負：負相關

指標	R 的大小
強相關	±0.7～±1.0
中度相關	±0.4～±0.7
弱相關	±0.2～±0.4
幾乎無相關	0～±0.2

　　並且，將散布圖與相關係數加上對應時，正負的任一個的相關強時，得知接近直線的關係。

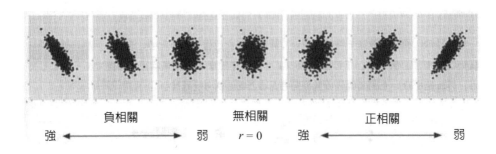

12.1.3 相關係數的注意點

對於相關係數來說，要注意的事項有以下 4 點。

第 1 是，儘管說是相關係數之值大，2 個數據之間不一定能說有因果關係。所謂「因果關係」是「因為 x 大，所以 y 也大」，某一方（原因）是另一方（結果）的函數。被認為有相關關係時，不過是表示 2 個數據有直線的關係，並不表示某一方（原因）是另一方（結果）的函數。

第 2 是，相關關係無法表示曲線性關係或複合性關係。譬如，像以下的散布圖即使全體的相關關係是無相關，然而事實上是負的相關層（圖中之上）與正的相關層（圖中之下）混雜在一起。

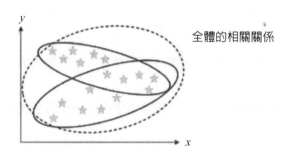

第 3 是，相關係數是依據平均所求出的指標，與平均一樣受偏離值的影響。譬如，如以下的散布圖全體的相關關係儘管是正的相關，除去偏離值後，相關係數有可能是無相關。

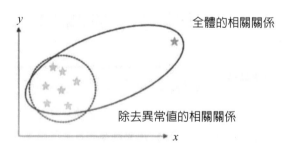

第 4 是，皮爾生相關係數只能對間隔數據即比例數據計算求出。順序數據與名義數據時，皮爾生相關係數基本上是求不出的。因此，順序數據時使用 spearman 相關係數，名義數據時使用 Cramer 的關聯係數。

12.2 無相關檢定

12.2.1 無相關檢定的虛無假設與對立假設

無相關檢定是檢討相關係數是否爲 0，亦即相關係數是否無相關的方法。無相關檢定是對 x 與 y 的母相關係數 ρ 來說，虛無假設當作「母相關係數是 $0(H_0：\rho = 0)$」，對立假設當作「母相關係數不是 $0(H_1：\rho \neq 0)$」。另外，無相關檢定與變異數分析一樣，不檢討單邊檢定是要注意的地方。

- 虛無假設 $H_0：\rho = 0$：母相關係數是 0
- 對立假設 $H_1：\rho \neq 0$：母相關係數不是 0

12.2.2 利用貝氏法的無相關檢定

對於 x 與 y 的母相關係數 ρ 來說，要求出的母數是 ρ 因之事後分配爲

$$f(\rho \,|\, x, y) = \frac{f(x, y \,|\, \rho)\, f(\rho)}{f(x, y)} \tag{3}$$

貝氏因子是

$$B_{01} = \frac{f(x, y \,|\, H_0)}{f(x, y \,|\, H_1)} = \frac{f(x, y \,|\, \rho = 0)}{f(x, y \,|\, \rho \neq 0)} \tag{4}$$

由 (3) 式來看，爲了求出母相關係數 ρ 的事後分配，有需要事先決定母相關係數 p 的事前分配 $f(p)$。SPSS 是針對相關係數 ρ 的事前分配 $f(\rho)$，

$$f(\rho) \propto (1 - \rho^2)^c \tag{5}$$

設定 c 之值，即可決定事前分配。SPSS 對 c 值的設定有以下 3 種方法。

(1) 均一分配 $(c = 0)$

　這是 SPSS 的預設方法，$p(\rho) \propto 1$，亦即是成爲無事前資訊的均勻事前分配。

(2) Jeffreys 的方法，成爲無資訊事前分配。

(3) 依事前資訊設定 c 值（任一實數）

　如無能利用的事前資訊時，可以按照 SPSS 的預設即均勻分配 $(c = 0)$ 進行分析。如有能利用的事前資訊時，配合以知資訊設定 c 之值。

　另外，利用 SPSS 的無相關檢定，可以選擇如下方法當作貝氏因子的計算方法。

(1) JZS 貝氏因子

這是 SPSS 預設的方法。可以說就是 Zellner-Siow 的方法。

(2) 比例的貝氏因子

事前分配是根據無資訊事前分配與數據的概似之比例加以更新者，決定出數據的概似的比例後，再求出貝氏因子的方法。數據的概似的比率是取 0 到 1 之值，預設是 0.5。

基本上 SPSS 的預設是 (1) Zellner-Siow 的方法，當事前有能活用的資訊時，可以使用 (2) 比例的貝氏因子的方法。

12.3 利用SPSS的無相關檢定

12.3.1 利用 SPSS 的無相關檢定

此次利用〔無相關檢定 .sav〕的數據。此數據是表示對完成課題 A, B, C 所收穫的時間（秒）。課題 A, B, C 的完成時間可以認為有何種的相關關係呢？利用無相關檢定檢討。

此次的情形，虛無假設與對立假設即為如下：

- 虛無假設 H_0：2 個課題間的母相關係數為 0
- 對立假設 H_1：2 個課題間的母相關係數不為 0

步驟 1 　從清單選擇〔分析〕＞〔貝氏統計〕＞〔Pearson 相關性〕。

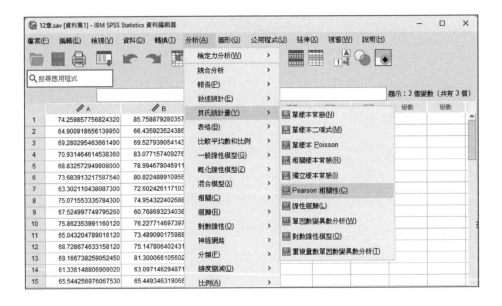

步驟 2 　顯示出〔Pearson 相關性〕的對話框。

- 從左側的變數一覽表中選擇進行無相關檢定的 [A], [B], [C]，按 ➡ 投入〔檢定變數〕中。

- 為了求出事後分配與貝氏因子，在〔貝氏分析〕中選擇〔使用兩種方法〕。

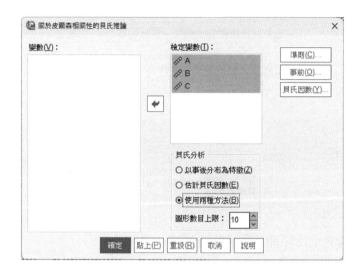

步驟 3　要變更事前分配時，選擇〔事前機率〕。
　　此次是按照預設即均勻分配進行，當有事前分配時，選擇〔設定自訂 c 值〕，請指定 c 值。

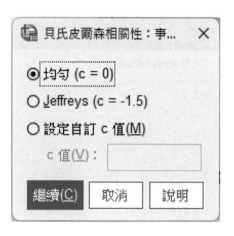

步驟 4　變更貝氏因子的計算方法時，選擇〔貝氏因子〕。
　　此次以預設的 JZS 的貝氏因子計算貝氏因子，對比例的貝氏因子計算貝氏因子時，使用比例 b 與虛無假設所使用的母相關係數之值。譬如，虛無假設不是 $\rho = 0$ 想當作 $\rho = 0.2$ 時，將虛無假設之值變更成 0.2。

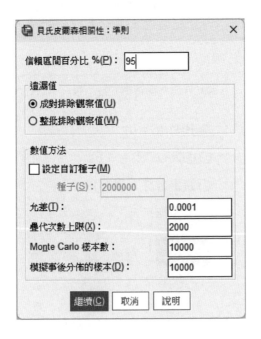

步驟 5 變更信用區間與數值的方法時，選擇〔準則〕。

此次雖按照預設進行分析，但將信用區間變更成 99% 時，或在數值性方法中變更蒙地卡羅樣本數時，分別輸入數值。

步驟 6 最後按〔確定〕，即輸出結果。

12.3.2 利用 SPSS 無相關檢定的結果確認

步驟 1　利用〔成對相關性的貝氏因子推論〕去確認。

成對相關性的貝氏因子推論[a]

		A	B	C
A	皮關森相關性	1	.757	.431
	貝氏因子		.000	.017
	數目	65	65	65
B	皮關森相關性	.757	1	.064
	貝氏因子	.000		9.035
	數目	65	65	65
C	皮關森相關性	.431	.064	1
	貝氏因子	.017	9.035	
	數目	65	65	65

a. 貝氏因子：空值與替代假設。

- 黑實線所圈著的地方是表示 A 與 B 的相關係數及有關貝氏因子的結果。
  得出 A 與 B 的相關係數為 $r = 0.757$，貝氏因子 $BF_{01} = .000$ 之結果。BF_{01}
  $= .000$，意指〔相對於對立假設而言，虛無假設約有 0.000 倍的可信度〕。
  貝氏因子比 1/100 小，因之解釋成〔對於對立假設來說得出了最高水準的
  證據〕。
- 如觀察黑虛線所圈著的地方時，B 與 C 的相關係數是 $r = 0.064$，它的貝
  氏因子 $BF_{01} = 9.035$，得出如此的結果。貝氏因子是取 3 到 10 之值，解釋
  成〔對於虛無假設來說可得出甚強的證據〕。

步驟 2 相關係數的事後分配利用〔成對相關性的事後分配特徵〕來確認。

成對相關性的後段分佈特徵[a]

			A	B	C
A	後段	眾數		.755	.428
		平均值		.739	.410
		變異		.003	.010
	95% 信賴區間	下限		.629	.210
		上限		.844	.603
	數目		65	65	65
B	後段	眾數	.755		.063
		平均值	.739		.060
		變異	.003		.015
	95% 信賴區間	下限	.629		-.175
		上限	.844		.292
	數目		65	65	65
C	後段	眾數	.428	.063	
		平均值	.410	.060	
		變異	.010	.015	
	95% 信賴區間	下限	.210	-.175	
		上限	.603	.292	
	數目		65	65	65

a. 分析採用參照事前 (c = 0)。

- 黑實線所圈著的部位是表示 A 與 B 的母相關係數的結果。A 與 B 的母相關係數的事後分配,得出眾數 MAP = .755,平均值 EAP = .739,變異數為 .003,95% 信用區間為 [6.29,0.844] 的如此結果。
- 比較母相關係數的大小時,要確認 95% 信用區間是否重疊。95% 信用區間未重疊時,判斷母相關係數有差異。此次,任一個母相關係數的 95% 信用區間並未重疊,可以解釋為母相關係數從 A-B, A-C, B-C 依序地變大。

步驟 3　以圖確認母相關係數的對數概似、事前分配、事後分配。

　　雖輸出對數概似函數的結果，但只是取概似函數的對數，因之本質上並未改變，因之不必擔心去確認結果。

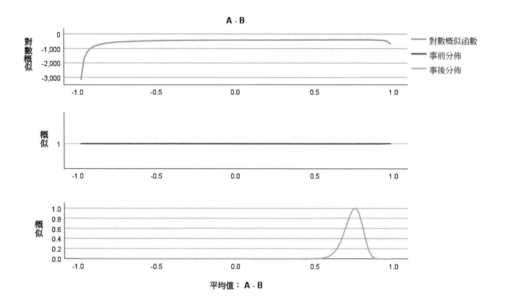

12.4 無相關檢定的結果報告

本章的最後：針對將聽得到的無相關檢定如何在論文或報告中發表加以說明。

可以按如下報告。
- 所使用數據的概要（樣本大小是必要的）
- 虛無假設與對立假設
- 使用的事前分配與數值的方法
- 貝氏因子與其評價
- 母相關係數的事後分配的眾數、平均值、信用區間、變異數（可記入列表中）
- 母相關係數大小的解釋（可參考先行研究或統計學的指標）

報告例

以 65 人爲對象測量達成課題 A, B, C 所花的時間（秒）。爲了檢討各課題所花時間的相關關係，虛無假設當作〔2 個課題間的母相關係數爲 0〕，對立假設當作〔2 個課題間的母相關係數不爲 0〕進行無相關檢定。事前分配即爲 SPSS 的預設，使用無資訊事前分配的均一分配。事後分配的估計使用 SPSS 預設的榮地卡羅近似法（容許度 0.0001，最大反覆數 2000，樣本數 20000）。

貝氏因子的估計使用 SPSS 預設的 Zellner-Siow 的方法。將母相關係數的事後分配與貝氏因子 BF_{01} 記入表中。

		A	B
	MAP	0.76	
	EAP	0.74	
B	95% 信用區間	[0.63,0.84]	
	變異數	0.00	
	BF_{01}	0.00	
	MAP	0.43	0.06
	EAP	0.41	0.06
C	95% 信用區間	[0.21,0.60]	[−0.18,0.29]
	變異數	0.02	0.02
	BF_{01}	0.02	9.04

由結果知，A–B 間有強烈正相關，A–C 間有中度的正相關，B–C 間幾乎無相關。另外，95% 信用區間並未重疊，顯示相關係數從 A–B, A–C, B–C 依序地增大。

Tea Break

　撰寫報告時應注意以下事項：
① 善用標示記號或數字。
② 用字精確。
③ 適當使用逗號、或頓號或句點。
④ 避免贅字、贅詞。
⑤ 要有結論。
⑥ 注意六章的組織和句子的結構。

Note

第 13 章
迴歸分析

本章內容

13.1 迴歸分析

13.1.1 迴歸分析

所謂迴歸分析是利用第 12 章所提出的相關係數，從某變數預測或說明另一變數的分析。譬如，在以下的場合中進行迴歸分析。

- 從最高氣溫預測某一天關東煮的銷售額。
- 從使用面積與建築年數預測公寓的房租。

迴歸分析中用於預測或說明的變數稱爲〔自變數〕或〔說明變數〕，被預測或被說明的變數稱爲〔依變數〕或〔被說明變數〕。就前者的例子來說，自變數是最高氣溫，依變數是關東煮的銷售額。就後者的例子來說，自變數是使用面積與建築年數，依變數是公寓的房租。

此自變數與依變數的想法，在變異數分析的平均值之差的檢定中也曾使用。在平均值之差的檢定中，可以想成是組成條件的不同，使某變數的平均值出現差異。因之，組成條件的差異可以想成是自變數，檢討平均值之差的變數想成是依變數。

從自變數與依變數的掌握方式來看，迴歸分析與平均值之差的檢定及無相關檢定可以想成是相似的想法，但所得結果與其解釋則有不同。在平均值之差的檢定中，可以知道依變數之值是否因自變數之值而有差異，但其差異的程度如何如未參照效果量是無法判斷的，另一方面，迴歸分析是依變數之值利用自變數可以預測或說明到何種程度。以及無相關檢定是將焦點放在〔相關關係〕即 2 個量性數據的直線性關係，相對的，迴歸分析是將焦點放在〔相關關係〕即某變數是另一變數的函數，（儘管進行了迴歸分析，也並非即可解釋〔因果關係〕）。

13.1.2 單迴歸分析

迴歸分析是取決於自變數的個數，其名稱與結果的解釋即有不同。自變數 1 個時稱爲〔單迴歸分析〕，2 個以上時稱爲〔複迴歸分析〕。以先前的例子來說，前者是單迴歸分析，後者是複迴歸分析。此處，首先對單迴歸分析加以說明。

單迴歸分析

　　單迴歸分析是設想自變數 X 與依變數 y 有直線（線形）的關係時，以如下模型表示 2 變數之關係。

$$y_i = a + bx_i + e_i$$

　　模型中的 a 稱為「截距」，b 稱為「迴歸係數」，e_i 稱為「殘差」。
　　分別解釋如下。
- 截距 a：自變數為 0 時依變數之值
- 迴歸係數 b：自變數變化 1 個單位時依變數的變化量
- 殘差 e_i：以自變數無法預測依變數的分散情形
　　對於單迴歸模型來說，$a + bx_i$ 是在各個數據 x_i 中即為依變數的預測值 $\hat{y}_i$。
　　因之，單迴歸模式可以表示成

　　（依變數的實測值）=（依變數的預測值）+（殘差）
　　$y_i = \hat{y}_i + e_i$

由此式來看，殘差即為依變數的實測值與預測值之差，即

　　$e_i = y_i - \hat{y}_i$

以上所說明的事項整理成圖形時，即為如下。

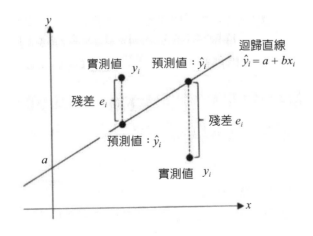

就斜率與迴歸係數的具體解釋加以說明。譬如，就某日關東煮的銷售額 y〔千元〕與最高氣溫 x〔℃〕，進行單迴歸分析之後，得出

$$y_i = 30.38 - 1.23x + e_i \tag{4}$$

由 (4) 式可以知道以下事項。

- 截距 30.38 是意指「最高氣溫是 0℃時，關東煮的銷售額是 30.38（千元）」。
- 迴歸係數 −1.23 是意指〔最高氣溫增高 1℃時，關東煮的銷售額減少 1.23（千元）〕。
- 譬如，最高氣溫是 10℃時，關東煮的銷售額是 18.08 (= 30.38 − 1.23×10)（千元）〕。

單迴歸分析並非只是截距與迴歸係數，自變數預測依變數的準確度也很重要。以有關此預測準確度的指標來說，有「判定係數 (R^2) 值」。判定係數是自變數預測依變數的分散比例，表示單迴歸類型中，如判定係數 $R^2 = 0.69$，意謂「關東煮的銷售額利用最高氣溫有 69% 是可以預測的」。

那麼，判定係數是如何求出的呢？為了求出判定係數，依變數的預測值 $\hat{y}_i$ 的平均與依變數的平均 $\bar{y}$ 一致的性質，利用下式成立的關係，即，

$$\sum_{i=1}^{n} (y_i - \bar{y})^2 = \sum_{i=1}^{n} (y_i - \hat{y}_i)^2 + \sum_{i=1}^{n} (\hat{y}_i - \bar{y})^2 = \sum_{i=1}^{n} e_i + \sum_{i=1}^{n} (\hat{y}_i - \bar{y})^2 \tag{5}$$

(5) 式的各項：

- 總平方和（Total Sum of square：SS_T）　$SS_T = \sum_{i=1}^{n} (\hat{y}_i - \bar{y})^2$
  意指依變數的實測值與平均值的離散度
- 殘差平方和（Residual Sum of square：SS_R）$SS_R = \sum_{i=1}^{n} e_i^2$
  意指依變數的實測值與預測值的離散度
- 迴歸平方和（Model Sum of square：SS_M）$SS_M = \sum_{i=1}^{n} (\hat{y} - \bar{y})^2$
  意指依變數的預測值與平均值的離散度
  亦即，

$$SS_T = SS_R + SS_M \tag{6}$$

意謂「依變數的實測值與平均值的分散度，是由實測值與預測值的分散度及預測值與平均值之分散度所構成」。此式的左邊與右邊變換之後以 SS_T 除之，即為

$$\frac{SS_R}{SS_T} + \frac{SS_M}{SS_T} = 1 \tag{7}$$

此處，判定係數 R^2 定義為

$$R^2 = \frac{SS_M}{SS_T} = 1 - \frac{SS_R}{SS_T} \tag{8}$$

換言之，判定係數是意謂「在依變數的實測值與平均值之分散程度之中，預測預測值與平均值之離散比率」。

另外，依變數的實測值與預測值的相關係數稱為「複相關係數」，此值的平方即為判定係數。複相關係數的性值如下：
- $0 \le R \le 1$。
- 愈接近 1，迴歸模型的預測準確度愈高。
- 單迴歸分析時，自變數與依變數的相關係數即為複相關係數。

13.1.3 複迴歸分析

自變數有 2 個以上的迴歸分析稱為複迴歸分析。複迴歸分析是在自變數 $x_1, \cdots, x_n$ 與依變數 y 之間設想有直線的關係時，即

$$y_i = a + b_1 x_1 + b_2 x_2 + \cdots + b_n x_n + e_i \tag{9}$$

以如此的複迴歸模型表示變數的關係。(9) 式中的 a 稱為「截距」，b 稱為「偏迴歸係數」，e_i 稱為「殘差」。分別解釋如下。
- 截距 a：自變數為 0 時依變數之值
- 偏迴歸係數 b：當其他的自變數值保持一定時，該自變數變化 1 單位時依變數的變化量
- 殘差 e_i：無法以自變數預測依變數的分散度

在複迴歸分析中，不稱為「迴歸係數」，而是稱為「偏迴歸係數」，在解釋上也有需要注意。偏迴歸係數是某一自變數除去其他自變數的影響後，再預測依變數。因之，偏迴歸係數的解釋並非「自變數變化 1 個單位時依變數的變化量」，而是要解釋成「其他自變數之值表持一定時，自變數變化 1 單位時依變數的變化量」。

就偏迴歸係數的具體解釋加以說明。譬如，針對公寓的租金 y 與使用面積 $x_1[m^2]$ 與建築年數〔年〕，進行複迴歸分析之後，得出

$$y_i = 3.05 + 0.15 x_1 - 0.05 x_2 + e_i \tag{10}$$

由 (10) 式，可以知道以下事項
- 使用面積的偏迴歸係數 0.15 意指「建築年數為一定時，使用面積增大 $1 m^2$ 時，房租增加 0.15 萬元」。
- 建築年數的偏迴歸係數 −0.05 意指「使用面積為一定時，建築年數每增加 1 年，房租減少 0.05 萬元」。

　　另外，就 (10) 式以圖表示時，即爲如下。圖中的使用面積與建築年數的重疊部分雖塗上黑色，此部分是表示「受到其他自變數影響的部分」。利用未塗有黑色部分的使用面積與建築年數預測房租，即爲偏迴歸係數。

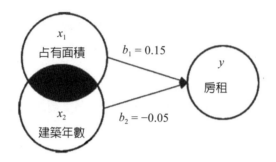

　　但是，因爲使用面積與建築年數的單位不同，哪一者是預測房租較有影響力並不一定。因此，將所有的自變數與依變數標準化（平均 0，標準差 1），使所有的變數不依存單位。此時的偏迴歸係數稱爲標準化偏迴歸係數 (B)，意謂「在其他的變數值爲一定之下，自變數改變 1 標準差時，依變數改變了多少標準差」。並且，標準化偏迴歸係數的絕對值愈大，可以想成對依變數的影響愈大。譬如，就先前公寓的房租來說，使用面積的標準化偏迴歸係數 $\beta_1 = 0.25$，建築年數的標準化偏迴歸係數 $\beta_2 = -0.10$ 的情形，可以解釋成使用面積比建築年數對房租的預測力較強。

　　另外，在複迴歸分析中，自變數預測依變數的準確度也很重要，以指標來說，使用〔調整自由度後的判定係數（adjusted R^2：adj.R^2）〕這是改良單迴歸分析的判定係數。因爲對判定係數來說，儘管是對預測沒有幫助的自變數，如自變數的個數增加時，它的值會變大，有此種的性質存在。在使用數個自變數的複迴歸分析中，自變數的個數愈增加，判定係數會變大，因此才使用調整自由度的判定係數，即考慮自變數個數之後的判定係數。調整自由度的判定係數定義爲

$$adj.\,R^2 = 1 - \frac{\dfrac{SS_R}{(n-k-1)}}{SS_T(n-1)}$$

其中，n 爲樣本數，自變數的個數爲 k。

13.1.4 迴歸分析的虛無假設與對立假設

　　在迴歸分析中設定的 2 個虛無假設是「所有的（偏）迴歸係數均爲 0(H_0：$\beta_1 = \beta_2 = \cdots = \beta_n$)」與「關心的（偏）迴歸係數爲 0」。並且，它們的對立假

設是「所有的偏迴歸係數不爲 0」與「關心的（偏）迴歸係數不爲 0」。
- 虛無假設 1　$H_0: \beta_1 = \beta_2 = \cdots = \beta_m$：所有的（偏）迴歸係數均爲 0
- 虛無假設 2　關心的迴歸係數爲 0
- 對立假設 1　某個（偏）迴歸係數不爲 0
- 對立假設 2　關心的（偏）迴歸係數不爲 0

在利用貝氏法的迴歸分析中，雖然檢討的是根據貝氏因子的虛無假設 1，但要注意虛無假設 2 是不檢討的。虛無假設 2 是檢討偏迴歸係數的事後分配的 95% 信用區間是否與 0 重疊。

13.1.5 利用貝氏法的迴歸分析

此處針對利用貝氏法的複迴歸分析加以說明。複迴歸模型爲

$$y_i = a + b_1 x_{i1} + b_2 x_{i2} + \cdots + b_m x_{im} + e_i$$

要求出的母數是截距 a，偏迴歸係數 $b_i, \cdots, b_m$，殘差的變異數 σ^2。
事後分配爲

$$f(a, b_1, \cdots, b_m, \sigma^2 \mid x, y) = \frac{f(x, y \mid a, b_1, \cdots, b_m, \sigma^2) \cdot f(a, b_1, \cdots, b_m, \sigma^2)}{f(x, y)} \tag{12}$$

貝氏因子爲

$$B_{01} = \frac{f(x, y \mid H_0)}{f(x, y \mid H_1)} = \frac{f(x, y \mid b_1 = b_2 = \cdots = b_m = 0, a, \sigma^2)}{f(x, y \mid H_1)} \tag{13}$$

另外，利用 SPSS 的迴歸分析的貝氏因子是使用

$$B_{10} = \frac{f(x, y \mid H_1)}{f(x, y \mid H_0)} = \frac{f(x, y \mid H_1)}{f(x, y \mid b_1 = \cdots = b_m = 0, a, \sigma^2)} = \frac{1}{B_{01}} \tag{14}$$

換言之，與變異數分析的時候相同，迴歸分析的貝氏因子 B_{10} 是表示「相對於虛無假設來說對立假設的可信度是多少」。記住此想法，再去確認分析結果。與前面同樣，想報告 B_{01} 當作貝氏因子時，要將 SPSS 所得到的迴歸分析的貝氏因子之值取倒數。

從式 (14)，可以決定截距、偏迴歸係數、殘差的變異數的聯合事前分配，換言之，即截距、偏迴歸係數、殘差的變異數的事前分配。SPSS 能使用的事前分配有參照事前分配與共軛事前分配，這些與單因子變異數分析的事前分配相同（參照 10.2.2）。因此，SPSS 的預設被設定爲無資訊事前分配的參照事前分配。如果沒有能利用的事前資訊時，可以按照預設進行分析。如有能利用的事前資訊時，配合其資訊變更截距、偏迴歸係數、殘差的變異數的事前分配的母數。

　　另外，利用 SPSS 的迴歸分析，以貝氏因子的計算方法來說，與單因子變異數分析同樣，可以選擇以下 4 種方法。

(1) JZS 法

　　這是 SPSS 的預設方法。稱為 Zellner-Siow 的方法。

(2) Zeruner 法

　　設定 Zeruner 的 g 事前分配（比 0 大之值），計算貝氏因子。

(3) 超事前分配法

　　設定逆 Gamma 分配的形狀母數（比 0 大之值），計算貝氏因子。

　　另外，預設的形狀母數即為 3。

(4) Rounder 法

　　設定逆 Gamma 分配的尺度母數（比 0 大之值），計算貝氏因子。

　　另外，預設的尺度母數即為 1。

　　基本上可以使用 SPSS 預設的 (1) Zellner-Siow 的方法。事前如有能活用的資訊時，可以使用 (2) 至 (4) 的方法。

13.2 利用SPSS的迴歸分析

13.2.1 利用 SPSS 的迴歸分析

此次是利用〔迴歸分析 .sav〕的數據。此數據是表示公寓的房租（萬元）、使用面積（m^2）、建築年數（年）。能否利用使用面積與建築年數預測公寓的房租呢？利用複迴歸分析來檢討。

・虛無假設：使用面積與建築年數兩者的偏迴歸係數為 0
・對立假設：使用面積與建築年數兩者的偏迴歸係數不為 0

步驟 1 從清單中選擇〔分析〕＞〔貝氏統計量〕＞〔線型迴歸〕

步驟 2　顯示〔線型迴歸〕對話框。

- 從左側的變數質表中選擇依變數的〔房租〕，按  投入到〔依變數中〕。其次，選擇自變數的〔使用面積〕與〔建築年數〕，按  投入到〔共變量〕中。

- 為了求出事後分配與貝氏因子兩者，在貝氏分析中選擇〔使用兩種方法〕

步驟 3　變更事前分配時，選擇〔事前（O）〕。

此次按照預設的參考事前分配，亦即無資訊事前分配進行分析。如有事前資訊時，選擇共軛事前分配，再設定母數之值。

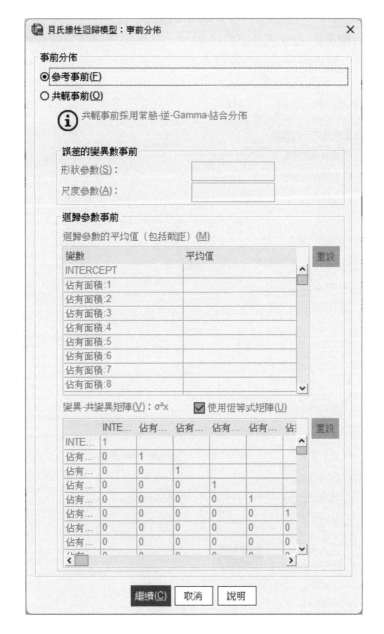

- 誤差的變異數的事前分配，是將逆 Gamma 分配當作事前分配。取決於能利用的事前資訊，形狀母數與尺度母數可分別設定其值（比 0 大之值）。
- 迴歸母數的事前分配，可以分別對平均值與變異數、共變數設定事前分配。取決於能利用的事前分配，分別輸入值。

步驟 4 要變更貝氏因子的計算方法時,選擇〔貝氏因子〕。

此次是以預設的 JZS 法計算貝氏因子,有事前資訊等以其他的方法計算貝氏因子時,變更選擇各自的數值方法。

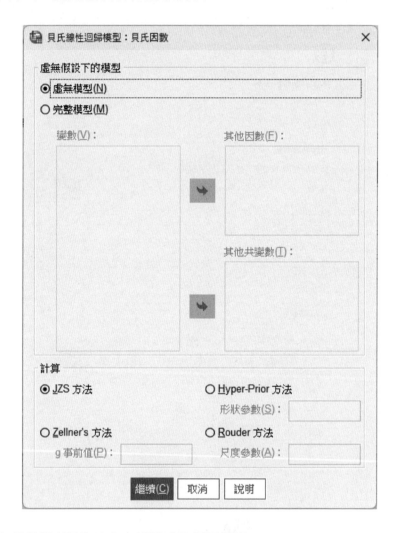

- 虛無假設模型是指沒有自變數時的迴歸模型 $y_i = a + t_i$。
- 所有的模型,是指除了已投入的自變數以外的其他變數當作虛無模型。譬如,投入從車站的徒步時間 Z 後的迴歸模型 $y_i = a + bZ_i + e_i$ 可以建立虛無假設模型。

步驟 5 為了輸出事前分配、事後分配、概似有關的圖形，選擇〔圖形〕。

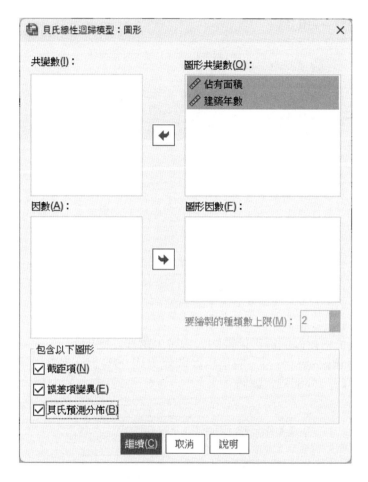

- 為了輸出有關使用面積、建築年數的偏迴歸係數的事前分配與事後分配、概似，選擇〔使用面積〕與〔建築年數〕，按  投入到〔共變量的圖形〕中。
- 為了輸出截距、殘差，依變數的預測分配的事前分配及事後分配、概似有關的圖形，分別勾選〔常數項〕、〔誤差項的變異數〕、〔貝氏預測分配〕。

步驟 6 為了算出依變數的預測值，選擇〔預測〕。
為了對某自變數之值求出依變數的預測值的分配。
輸入自變數各自的值。

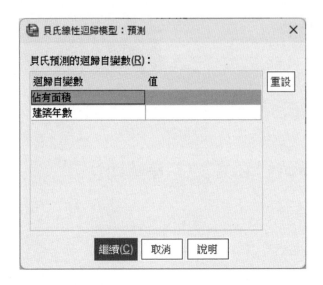

步驟 7 變更信用區間與數值性的方法時，選擇〔準則〕。
此次按照預設進行分析，將信用區間變更成 99% 時，或變更數值性方法的容許度等時，分別輸入數值。

步驟 8 最後，按〔確定〕，即輸出結果。

13.2.2 利用 SPSS 迴歸分析的結果確認

步驟 1 將虛無假設「無法利用自變數預測依變數」的結果利用「貝氏因子模型概要」來確認。

貝氏因子模型摘要[a,b]

貝氏因子[c]	R	R 平方	調整後 R 平方	標準估計誤差
1.475E+19	.629	.396	.390	4.7382

a. 方法：JZS

b. 模型：（截距）, 佔有面積, 建築年數

c. 貝氏因子：檢定模型與完整模型（截距）。

- 貝氏因子得出的 $BF_{10} = 1.475E + 19$ 結果。$BF_{10} = 1.475E + 19$ 是意指相對於虛無假設，對立假設的可信度約為 1.475×10^{19} 倍。以及貝氏因子比 100 大，可以解釋為「對於對立假設來說得出了最高水準的證據」。
- 得出複相關係數 $R = .629$，判定係數 $R^2 = .396$，調整自由度判定係數 adj. $R^2 = .390$ 等之結果。adj.$R^2 = .390$ 可解釋為「利用使用面積與建築年數可以預測公寓房租的影響力達 39%」。
- 另外，〔貝氏因子模型的概要〕的上方輸出〔變異數分析〕的結果，但這是基於 p 值進行假設檢定的結果。此次因 $F(2,197) = 64.61, P < .001$，因之在 0.1% 水準下可以認為有顯著差，因此否定虛無假設「無法利用自變數預測依變數」。

變異數分析[a,b]

來源	平方和	df	均方	F	顯著性
迴歸	2901.245	2	1450.623	64.614	<.001
殘差	4422.752	197	22.451		
總計	7323.997	199			

a. 應變數：房租

b. 模型：（截距）, 佔有面積, 建築年數

步驟 2　　以〔係數的貝氏估計值〕確認裁距與偏迴歸係數的事後分配

貝氏係數估計[a,b,c]

參數	後段			95% 信賴區間	
	眾數	平均值	變異	下限	上限
（截距）	9.279	9.279	1.327	7.019	11.539
佔有面積	.290	.290	.001	.235	.344
建築年數	-.096	-.096	.001	-.145	-.048

a. 應變數：房租

b. 模型：（截距），佔有面積, 建築年數

c. 採用標準參照事前。

- 針對截距與偏迴歸係數，可以輸出自我分配。譬如，對使用面積的偏迴歸係數的事後分配來說，得出眾數 $MAP = 0.290$，平均值 $EAP = .290$，變異數為 .001，95% 信用區間為 [0.235,0.344] 等之結果。並且，對於建築年數的偏迴歸係數的事後分配來說，得出眾數是 $MAP = -0.096$，平均值 $EAP = -0.096$，變異數為 0.001，95% 信用區間為 [-0.145,-0.048] 的結果。

步驟 3　　以圖確認對數概似、事前分配、事後分配。

　　雖輸出對數概似函數的結果，但因只取概似函數的對數，所以本質上並未改變。因之，不必擔心去確認結果。

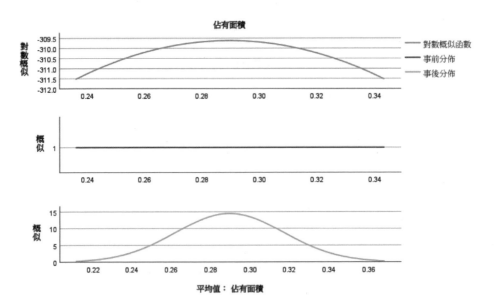

13.3 迴歸分析的結果報告

本章的最後將所得到的迴歸分析之結果如何在論文或報告中發表加以說明。

可按如下加以報告。

• 使用數據的概要
• 虛無假設與對立假設
• 貝氏因子與其評價
• 截距與（偏）迴歸係數的事後分配的眾數、平均值、信用區間、變異數
• 判定係數（複迴歸分析時，調整自由度判定係數）

報告例

為了檢討能否利用使用面積（m^2）與建築年數（年）預測 200 間公寓的房租（萬元），虛無假設當作「使用面積與建築年數兩方的偏迴歸係數均為 0」，對立假設當作「使用面積與建築年數兩方的偏迴歸係數均不為 0」進行複迴歸分析。母數的事前分配是 SPSS 的預設。事前分配使用稀少的參照事前分配。並且，事後分配的統計使用 SPSS 的預設即適應高斯・羅伯特求積（容許度 0.000001，最大反覆數 2000）。另外，貝氏因子是基於 SPSS 預設的 Zellner-Siow 方法。

結果，相對於虛無假設來說，對立假設的貝氏因子是 $BF_{10} = 1.48 \times 10^{19}$，因之，對於對立假設而言可得出最高水準的證據。所估計的截距與偏迴歸係數之值記成下表。

	MAP	EAP	信任區間	變異數
截距	9.28	9.28	[7.02,11.54]	1.33
使用面積	0.29	0.29	[0.24,0.34]	0.01
建築年數	−0.10	−0.10	[−0.15,−0.05]	0.01

就使用面積與建築年數的偏迴歸係數來說，事後的 95% 信用區間並未與 0 重合，因之對房租來說預測出使用面積為正，建築年數為負。具體言之，當建築年數保持固定時，使用面積每增大 $1m^2$ 時房租即增高 0.29 萬元，以及使用面積保持一定時，建築年數每增加 1 年，房租即減少 0.10 萬元，可以如此預測。並且，利用自變數的調整自由度判定係數是 0.39。

Note

第 14 章
對數線性模型

本章內容

14.1 對數線性模型

14.1.1 關聯

如第 9 章所說明的，關聯是指 2 個質性數據的關係。質性數據無法四則演算，因為著眼於次數。因此，所謂關聯意謂取決於質性數據的組合，次數的大小是否不同。說明關聯的例子即為如下：

- 依居住地區 (A, B, C)，年齡層（20 世代、30 世代、40 世代、50 世代、60 世代）是否不同。
- 依性別，喜歡的蛋糕（酥餅、乳酪、薩赫蛋糕、抹茶蛋糕）是否不同。

直覺上掌握關聯的方法有使用分割表。所謂分割表是將某數據的回答按另一個回答加以累計所成的表，一般都稱為交叉累計表（cross table）。以前側的分割表來說，假定得出如下的結果。

地區　＼　年齡層	20 世代	30 世代	40 世代	50 世代	60 世代
A	15	17	10	5	5
B	10	8	9	18	6
C	5	5	11	7	19

性別　＼　蛋糕	酥餅	乳酪蛋糕	薩赫蛋糕	抹茶蛋糕
男性	20	15	30	35
女性	25	25	35	15

從分割表可以判知 A 以 20 世代或 30 世代，B 以 50 世代，C 以 60 世代的居多。另外，在後者的例子中，可以判知男性喜歡抹茶的居多，女性喜歡抹茶的較少。可是，像這樣由分割表所讀取的關聯，不一定必然，也許是偶發性發生。因此，關聯是否必然，有需要從統計觀點去檢討。

14.1.2 對數線型模型

所謂對數線性模型是檢討依據由分割表所得出的數值是否有必然性的關聯。為了概要說明對數線性模型，使用 2 個質性數據 A（r 類）與 B（c 類）所成的分割表。

	B_1	B_2	$\cdots$	B_j	$\cdots$	B_c	計
A_1	n_{11}	n_{12}	$\cdots$	n_{1j}	$\cdots$	n_{1c}	$n_{1.}$
A_2	n_{21}	n_{22}	$\cdots$	n_{2j}	$\cdots$	n_{2c}	$n_{2.}$
$\cdots$	$\cdots$	$\cdots$	$\cdots$	$\cdots$	$\cdots$	$\cdots$	$\cdots$
A_i	n_{i1}	n_{i2}	$\cdots$	n_{ij}	$\cdots$	n_{ic}	$n_{i.}$
$\cdots$	$\cdots$	$\cdots$	$\cdots$	$\cdots$	$\cdots$	$\cdots$	$\cdots$
A_r	n_{r1}	n_{r2}	$\cdots$	n_{rj}	$\cdots$	n_{rc}	$n_{r.}$
計	$n_{.1}$	$n_{.2}$	$\cdots$	$n_{.j}$	$\cdots$	$n_{.c}$	$n_{..}$

像這樣，由 r 列 c 行所構成的分割表稱為 $r \times c$ 分割表。此 $r \times c$ 分割表中，
- n_{ij} $(i = 1, 2, \cdots, r; j = 1, 2, \cdots, c)$：$i$ 列 j 行的儲存格所觀測的次數（觀測值）
- $n_{.j}$ $(j = 1, 2, \cdots, c)$：第 j 行的總合
- $n_{i.}$ $(j = 1, 2, \cdots, r)$：第 i 列的總合
- $n_{..}$ 分割表的總合

首先，檢討 A 與 B 無關聯時的對數線性模型。此時，i 列 j 行的儲存格中觀測期待的次數（期待值）是

$$E_{ij} = n_{..} \times \frac{n_{i.}}{n_{..}} \times \frac{n_{.j}}{n_{..}} = \frac{n_{i.}n_{.j}}{n_{..}} \tag{1}$$

式 (1) 的兩邊被取自然對數時，

$$\log E_{ij} = -\log n_{..} + \log n_{i.} + \log n_{.j} \tag{2}$$

此處
- $\log n_{..} = \lambda$：分割表的總合效果（總平均效果）
- $\log n_{i.} - \lambda = \lambda_i^A$：表示 A 為 i 列效果的母數
- $\log n_{.j} - \lambda = \lambda_j^B$：表示 B 為 j 行效果的母數

將式 (2) 變形時，即為

$$\log E_{ij} = \log n_{..} + (\log n_{i.} + \log n_{..}) + (\log n_{.j} + \log n_{..})$$
$$\log E_{ij} = \lambda + \lambda_i^A + \lambda_i^B \tag{3}$$

式 (3) 稱為獨立模型，A 與 B 無關聯時的對數線性模型。
另外，λ_i^A, λ_i^B 即為減去總平均效果的母數，因之個別效果之和即為 0。
亦即，

$$\sum_i \lambda_i^A = \sum_j A_j^B = 0 \tag{4}$$

基於獨立模型，檢討 A 與 B 有關聯時的對數線性模型。此時，i 列 j 行的

儲存格的期待值是 n_{ij}。A 與 B 被認爲有關聯，即爲 A 與 B 的組合亦即交互作用的效果可加入獨立模型中。因此，表示 A 與 B 的交互作用效果的母數設爲 λ_{ij}^{AB} 時，A 與 B 有關聯時的對數線性模型即爲

$$\log n_{ij} = \lambda + \lambda_i^A + \lambda_i^B + \lambda_{ij}^{AB} \tag{5}$$

稱爲飽和模型。由式 (5) 來看，A 與 B 的交互作用效果可以表示成

$$\lambda_{ij}^{AB} = \log n_{ij} - \lambda - \lambda_i^A - \lambda_i^B \tag{6}$$

A 與 B 的交互作用效果是減去總平均與 A, B 效果的母數，因之 i 列與 j 行的交互作用效果的總和分別是 0。亦即，

$$\sum_j \lambda_{ij}^{AB} = \sum_j \lambda_{ij}^{AB} = 0 \tag{7}$$

因爲 (4) 與 (7) 均爲 0，所以將這些加以整理，

$$\sum_i \lambda_i^A = \sum_j \lambda_i^B = \sum_i \lambda_{ij}^{AB} = \sum_j \lambda_{ij}^{AB} = 0 \tag{8}$$

式(8)稱爲有關聯時的對數線性模型，亦即稱爲在飽和模型中的限制條件。

14.1.3 對數線性模型的虛無假設與對立假設

對數線性模型是將焦點放在飽和模型，檢討 2 個質性數據是否有關聯。因之，虛無假設是「交互作用效果是 $0(H_0 : \lambda_{ij}^{AB} = 0)$」，對立假設是「交互作用效果不爲 $0(H_1 : \lambda_{ij}^{AB} \neq 0)$」。

虛無假設：$H_0 : \lambda_{ij}^{AB} = 0$；交互作用效果爲 0 （獨立）
對立假設：$H_1 : \lambda_{ij}^{AB} \neq 0$；交互作用效果不爲 0 （有關聯）

14.1.4 貝氏法的對數線性模型

對於 2 個質性數據 A（r 類）與 B（c 類）的 $r \times C$ 分割表來說，以矩陣的形式表示下式

$$y = \begin{pmatrix} n_i & \cdots & n_{1r} \\ \vdots & \ddots & \vdots \\ n_{r1} & \cdots & n_{rc} \end{pmatrix} \tag{9}$$

針對 2 個質性數據的飽和模型所求的母數是 $\lambda_i^A, \lambda_i^B, \lambda_{ij}^{AB}$，因之事後分配是

$$f(\lambda_i^A, \lambda_i^B, \lambda_{ij}^{AB} | y) = \frac{f(y | \lambda_i^A, \lambda_i^B, \lambda_{ij}^{AB}) \, f(\lambda_i^A, \lambda_i^B, \lambda_{ij}^{AB})}{f(y)} \tag{10}$$

貝氏因子是

$$B_{01} = \frac{f(y \mid H_0)}{f(y \mid H_1)} = \frac{f(y \mid \lambda_i^A, \lambda_i^B, \lambda_{ij}^{AB} = 0)}{f(y \mid H_1)} \tag{11}$$

SPSS 是求交互作用效果 λ_{ij}^{AB} 的事後分配與貝氏因子 B_{01}。

由式 (10)，母數式求 λ_i^A, λ_i^B, λ_{ij}^{AB} 的事後分配，有需要決定母數為 λ_i^A, λ_i^B, λ_{ij}^{AB} 的聯合事前分配 $f(\lambda_i^A$, λ_i^B, $\lambda_{ij}^{AB})$。事前分配取決於整理成下表的抽樣法而有不同。

貝氏因子是依據數據的抽樣方法可以求出。如無能利用的事前資訊時，在確認數據的抽樣方法之後，將預設的 Gamma 分配當作事前分配，求出貝氏因子即可。如有利用的事前資訊時，配合其資訊，變更 Gamma 分配的形狀尺度母數。

抽樣方法	事前分配	特徵
Poisson 模型 未事前決定數據的總數下收集數據。 設想數據服從波瓦生分配。	Gamma 分配〔預設〕	設定 Gamma 分配的形狀母數 a，尺度母數 b。預設是形狀母數，尺度母數能自動計算。另外，推薦下式的使用。 $b = \dfrac{(列數) \times (行數) \times a}{(數據總數)}$
多項式模型 決定了數據總數、行或列的數據之後，收集數據而得者。數據設想服從多項分配。	共軛事前分配 （Gamma 分配） 〔預設〕	設定 Gamma 分配的形狀母數 a 與尺度母數 b。預設是形狀母數 =1。在多項式模式中，尺度母數無意義，所以未設定。
	混合 Dirichlet 分配	多次分配是服從母數為 1 個的 Dirichlet 分配。另外，分析者無法設定母數。
	固有分配	將一部分的數據當作事後分配，將其他當作正規的事前分配
無母數模型 並未設想數據服從特定的分配	Dirichlet 分配	只在列成行數為2時，才能使用。

14.2 利用SPSS的對數線性模型

14.2.1 利用 SPSS 的對數線性模型

此次利用「對數線性模型 .sav」的數據。此數據是打聽 20 世代到 60 世代各 30 人居住在 A, B, C 三地區，結果得出下表。利用此數據檢討年齡層與居住地區能否認爲有關聯，利用對數線性模型加以檢討。另外，此次的數據是按年齡層事前決定人數，抽樣方法是依據多項式模型。

地區＼年齡層	20 世代	30 世代	40 世代	50 世代	60 世代
A	15	17	10	5	5
B	10	8	9	18	6

- 虛無假設：年齡層與居住地區是獨立的（交互作用效果爲 0）
- 對立假設：年齡層與居住地區是有關聯的（交互作用效果不是 0）

步驟 1 從清單中選擇〔分析〕＞〔貝氏統計量〕＞〔對數線性模型〕

步驟 2　顯示出〔貝氏對數線性迴歸模型〕的對話框。

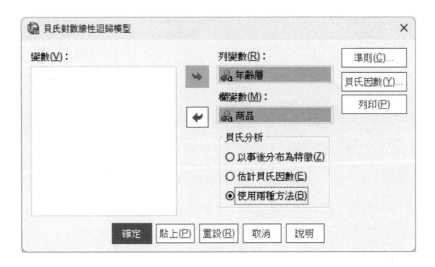

- 從左側的變數一覽表中選擇〔年齡層〕與〔商品〕，以對數線性模型檢討關聯，按 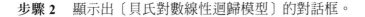 分別將它們投入〔列變數〕與〔行變數〕中。另外，〔列變數〕與〔行變數〕使之相反也可得出同樣的結果。
- 爲了求出交互作用效果的事後分配與貝氏因子兩者，在〔貝氏分析〕中選擇〔使用兩種方法〕。

步驟 3　變更貝氏因子的計算方法時，選擇〔貝氏因子〕。

此次是按各年齡層 30 人進行調查，因之選擇〔多項式模型〕。接著，年齡層是設定在列，因之在〔固定邊際〕中選擇〔列合計〕。

另外，貝氏因子的計算，使用預設的事前分配即共軛事前分配（Gamma 分配）。此次，按預設進行分析，各儲存格可以設定形狀母數 a。

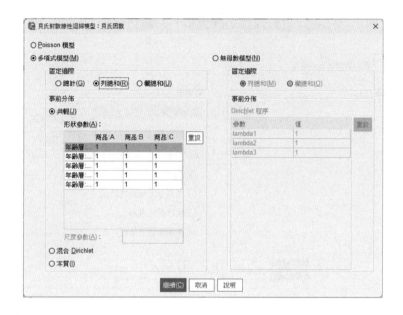

步驟 4 變更信用區間與數值性的方法時，選擇〔準則〕。

此次按照預設進行分析，信用區間變更成 99% 時或在數值性方法中變更自訂種子或容許度等時，分別輸入數值。

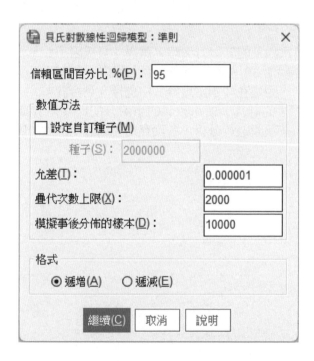

步驟 5　輸出期待次數或比例時，選擇〔列印〕。

貝氏對數線性迴歸模型：列印		×

表格設計

☐ 抑制表格(S)

(i) 如果抑制表格顯示，則除非您要求統計量，否則貝氏對數線性將不產生任何結果。

統計量	計數	百分比
☑ 卡方檢定(Q)	☑ 觀察值(B)	☐ 列(O)
☐ 概似比(R)	☐ 期望值(E)	☐ 欄(M)
		☐ 總計(T)

繼續(C)　取消　說明

步驟 6　最後按一下〔確認〕，即輸出結果。

14.2.2 利用 SPSS 的對數線性模型的結果確認

步驟 1　以交叉表確認分割表。

交叉列表

			商品			
			A	B	C	總計
年齡層	20代	計數	15	10	5	30
	30代	計數	17	8	5	30
	40代	計數	10	9	11	30
	50代	計數	5	18	7	30
	60代	計數	5	6	19	30
總計		計數	52	51	47	150

步驟 2 　以〔獨立性檢定〕確認貝氏因子。

獨立性的檢定[a]

	值	df	漸進顯著性（雙邊）
貝氏因子	.001[b]		
皮爾森卡方檢定	34.968[c]	8	.000

- 得出貝氏因子 BF_{01} = 0.001 的結果。BF_{01} = 0.001 是意謂「相對於對立假設來說，虛無假設的可信度設為 0.0001 倍」。貝氏因子固比 1/100 小，因之可解釋為「對於對立假設來說得出了最高水準的證據」。
- 皮爾森（Pearson）的卡方檢定，是依據 p 值對假設檢定以卡方檢定的結果。此次的情形是 $\chi^2(8)$ = 34.968, p < .001，否定虛無假設「年齡層與居住地區是獨立的」，接受對立假設「年齡層與居住地區有關聯」。

步驟 3 　利用「模擬交互作用的事後分配特徵」確認交互作用效果的事後分配。

模擬交互作用的事後分布特徵[a,b]

交互作用	後段			95% 同時信賴區間		
	中位數	平均值	變異	下限	上限	包含 0 或不包含
20代, A	2.283	2.301	.462	.557	4.245	否
20代, B	1.735	1.748	.480	-.074	3.693	是
30代, A	2.402	2.422	.485	.632	4.449	否
30代, B	1.525	1.532	.494	-.373	3.559	是
40代, A	1.159	1.179	.420	-.531	3.070	是
40代, B	.903	.908	.388	-.825	2.697	是
50代, A	.942	.953	.559	-1.037	3.019	是
50代, B	1.985	2.000	.387	.371	3.856	否

a. 分析採用獨立多項式模型。

b. 種子：599767049。模擬後段樣本數目：10000。

- 95% 聯合信用區間的「是否包含 0」，如果是「否」時，即判斷交互作用是被認同的。此次的情形，可以想成 20 世代 ×A，30 世代 ×A，50 世代 ×B 的交互作用是可以被認同的。
- 對於交互作用的解釋，以 20 世代 ×A 為例來說明。20 世代 ×A 的交互作用效果的事後分配的中央值是 2.283，平均值是 2.301，變異數為 0.462，95% 信用區間為 [0.557,4.245]，得出如此的結果。此結果在〔模擬交互作用由事後分配評價〕中以未顯示的「60 世代」與「C」為基準，所表示的交互作用效果。因此，可解釋為「20 世代的人 A 比 C 多」或「A 是 20 世代比 60 世代的多」。

14.3 對數線性模型的結果報告

本章的最後，將所得到的迴歸分析的結果如何在論文或報告中加以說明。可按如下報告。

- 所使用的數據的概要
- 虛無假設與對立假設
- 貝氏因子與其評價
- 交互作用效果的事後分配的中央值與平均值、變異數、95% 信用區間

報告例

為了檢討年齡層是否依居住地區（A～C）而有不同，向 20 世代到 60 世代 30 人打聽居住地區。虛無假設當作「年齡層與居住地區獨立」對立假設當作「年齡層與居住地區有關聯」利用對數線性模型進行分析。貝氏因子是利用多項式模型中的共軛事前分配（Gamma 分配：尺度母數是 1）求出，並且，事後分配的統計是使用 SPSS 預設的調適性高斯‧羅伯特求積（容許度 0.000001，最大反覆數 2000）。

其結果，相對於對立假設來說，虛無假設的貝氏因子是 $BF_{01} = 0.001$，對於對立假設來說得出了最高水準的證據。所估計的交互作用的事後分配記成下表。

交互作用	中央值	平均值	變異數	95% 信用區間
20 代 ×A	2.28	2.30	0.46	[0.56,4.25]
20 代 ×B	1.73	1.75	0.48	[−0.07,3.69]
30 代 ×A	2.40	2.42	0.48	[0.63,4.45]
30 代 ×B	1.53	1.53	0.49	[−0.37,3.56]
40 代 ×A	1.16	1.18	0.42	[−0.53,3.07]
40 代 ×B	0.90	0.91	0.39	[−0.83,2.70]
50 代 ×A	0.94	0.95	0.56	[−1.04,3.02]
50 代 ×B	1.99	2.00	0.39	[0.37,3.86]

對於 20 世代 ×A，30 世代 ×A，與 60 世代 ×B 的交互作用來說，事後分配的 95% 信用區間並未包含 0，因之說明居住地區 A，20 世代與 30 世代比 60 世代的多，居住地區 B 則是 50 世代比 60 世代的多。

第 15 章
終章

本章內容

此處隨筆以提綱契領的方式將貝氏統計的優點、需要性等，以及傳統統計學的顯著性檢定的缺點，加以扼要整理並簡單說明。

15.1 貝氏統計的種種

15.1.1 統計類型

統計資料的類型包括：
1. 貝氏統計
2. 推論統計
3. 描述性統計

◆ 貝氏統計

貝氏統計是應用托馬斯・貝葉斯（Thomas Bayes）在 18 世紀提出的貝氏定理所發展的統計類型。這表明，即使發生相同的事件，其發生的機率也會根據其發生的環境而變化。

例如，如果您考慮在您前面穿過的汽車是白色的機率是多少的問題，則答案不是唯一確定的。有些人認為答案是 1/2，有些人認為答案是 1/100。該問題的一大特點是該問題沒有唯一的答案。

◆ 推論統計

推論統計是從一部分調查資料（樣本）推斷總體資訊（母體）的研究。如果人口非常多，需要花很多時間和金錢去檢查一切，所以我們選擇樣本進行調查。根據從樣本中獲得的數據推斷有關總體的資訊。

此推論需要估計適合數據的機率分配。為了估計它，我們使用統計模型來尋找描述資料性質的機率分配。然後，根據該機率分配，我們推斷人口數據。

◆ 描述性統計

描述性統計是了解現有資料特徵的研究。重點不是對整個人群進行推斷，而是分析手邊的數據。

例如，描述性統計可讓您分析人口普查和人口調查等資料。此外，還可以處理學習時間與偏差分數的關係，以及全國模擬測驗的偏差值。此外，利用大數據對銷售資料進行分析也屬於描述性統計領域。描述性統計可以透過分析手頭上的數據並闡明其特徵來發現數據中隱藏的含義。

15.1.2 貝氏統計和頻率統計有什麼區別？

頻率主義認爲參數是不變的，但數據是可以變化的，並尋求唯一的眞值。另一方面，貝氏主義認爲獲得的數據是不變的，並用它來推斷可以變化的變數。

爲了思考貝氏統計的解釋，我們必須先理解頻率 (frequency) 主義的想法。頻率理論是一種理論，其基本思想是所獲得的數據在母體中出現的頻率（機率）。你學到的大多數統計方法可能都是基於這種頻率主義的想法。

從數學上來說，參數是常數，數據是變數（隨機變數），這種統計稱爲頻率主義。有些人可能已經明白這一點，但貝氏方法與上面提到的頻率論方法完全相反。換句話說，參數是變數（隨機變數），資料是常數。換句話說，數據是固定的，參數是變化的。

例如，國人的平均身高（參數）是一個固定數字（常數）（這似乎是一個相當普遍的假設）。由於不可能測量所有國人的身高，因此我們會從所有國人中隨機抽取少數人並收集數據。此時，如果在相同條件下收集數據，得到的數字就會有所不同。這種「在相同條件下重複試驗」的假設被稱爲頻率。從這個意義上說，手頭上的數據可以認爲是按照一定機率（隨機變數）變化的東西，是在這次試驗中偶然獲得的，這是頻率統計。

貝氏統計是假設「我們手頭上的數據是恆定的，因爲它不可能改變」（當你仔細考慮時，這似乎是一個相當常見的假設）。最重要的是，考慮參數隨機移動（＝隨機變數）。

15.1.3 貝氏定理

貝氏定理是一種估計某種因素的發生而導致結果如何變化的方法。透過收集這些因素，您將能夠做出更準確的預測。

例如，假設有多個袋子，每個袋子包含一個紅球和一個白球。當從袋子中取出多個球時，貝氏定理用於根據球的顏色來估計球是從哪個袋子中取出的。

貝氏定理是一個定理，它允許您使用預先已知的資訊和新資料來計算事後機率，因此您可以使用從袋子中取出的球的顏色作爲證據，並根據它推估是從哪個袋子取出。此外，它還廣泛應用於科學和醫學領域，例如在疾病的診斷中，它具有能夠根據症狀和測試結果來推估疾病的特徵。

貝氏定理可以從條件機率導出。事件 A 和事件 B 同時發生的機率稱爲積事件。

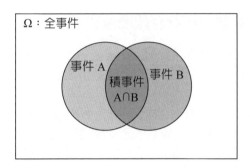

如果事件 A 和事件 B 獨立，則可以表示爲 P(A ∩ B) = P(A)P(B)。

條件機率是事件 A 發生時事件 B 發生的機率，或是事件 B 發生時事件 A 發生的機率，用下列公式表示。

①事件 A 發生時，事件 B 發生的機率：

$$P(B \mid A) = P(A \cap B)/P(A)$$

②事件 B 發生時，事件 A 發生的機率：

$$P(A \mid B) = P(A \cap B)/P(B)$$

將①轉置並代入 P(A ∩ B)=P(B|A)P(A) 和②，導出貝氏公式。

$$P(A \mid B) = P(B \mid A)P(A)P(B)$$

在貝氏定理中，P(A | B) 稱爲事後機率，P(B | A) 是可能性（概度），P(A) 是事前機率。

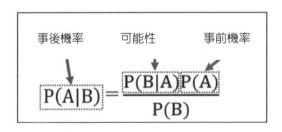

事後機率 = P(A |B)：事件 B 發生時，事件 A 發生的機率

事前機率 = P(A)：事件 A 發生的機率

可能性 (概度) = P(B |A)：事件 A 發生的機率

讓我們以事件 A 爲因、事件 B 爲果，來表達貝氏公式。

$$P\left(原因 \mid 結果\right) = \frac{P\left(結果 \mid 原因\right) P\left(原因\right)}{P\left(結果\right)}$$

事後機率是給定結果的機率。可能性（概度）也表示爲條件機率，但在貝氏公式中，它表示因果事件發生的機率。

15.1.4 貝氏統計的優點

貝氏統計有以下優點：

◆ 數據可靈活導入

貝氏統計允許靈活的數據收集。貝氏定理用於預測某個因素發生時結果會如何變化。透過收集作爲原因的數據，您可以提高預測結果的準確性。

在傳統統計中，隨著數據的增加，需要從頭開始分析數據，但使用貝氏統計，可以依序取得數據。如果有足夠的數據，傳統統計和貝氏統計之間沒有什麼區別，但在進行推理時，它們可能會有很大差異。

◆ 估計範圍可以視覺化

在貝氏估計中，所有參數都被視爲隨機變量，因此估計結果通常以機率分配或一組數值的形式獲得。因此，透過繪製獲得的機率分配圖，可以可視化估計的不確定性。

◆ 在機器學習的應用

貝氏統計可以應用於機器學習，因爲每次新資訊出現時結果都可以更新。例如，垃圾郵件偵測功能透過檢查文字的規律性來識別垃圾郵件。每次收到電子郵件時都會對其進行處理，這是很常見的。您擁有的數據越多，您的分析就越準確，因此準確度會隨著您收到的垃圾郵件數量的增加而增加。貝氏統計不僅用於垃圾郵件檢測，還用於搜尋引擎、應用程式開發和許多其他應用程式。

◆ 有效的大數據分析

使用傳統統計分析可能很難處理大數據。然而，隨著更多數據的出現，貝氏統計可以做出更準確的預測。隨著更多數據可用，貝氏統計會更新機率值，使其能夠在新資訊可用時做出適當回應。

貝氏統計適合分析與人們的行爲歷史和特徵有很大關係的大數據。例如，在行銷領域中，收集消費者行爲和偏好的數據，並根據這些數據制定產品銷售策略。透過使用貝氏統計，您可以透過統計分析有關消費者行爲和偏好的訊息來製定更有效的銷售策略。貝氏統計因其數據分析的靈活性和高精度而被應用於各個領域。

15.2 貝氏統計的應用例

此處想讓讀者了解一些應用貝氏統計的熟悉案例。

◆ 垃圾郵件識別

從使用者標記爲垃圾郵件的郵件（以下簡稱垃圾郵件）和使用者確定的郵件（以下簡稱正常郵件）中提取郵件標題和正文中各單字出現的機率（＝特徵），並推導出區分垃圾郵件和正常郵件的閾值。當收到新郵件時，對郵件的標題和正文進行自然語言處理（分詞），與閾值進行比較，如果是垃圾郵件的機率較高，則將其歸類爲垃圾郵件。

◆ 搜尋引擎

Google 和 Microsoft 的搜尋引擎採用貝氏過濾器，其搜尋精確度和速度超越了 1990 年左右常見的布林搜尋引擎（使用 if、and 或 but 來區分單字）。

◆ 應用開發

除了 Intel、Microsoft 等使用外，也應用於 LINE 圖章推薦引擎。

◆ 機器學習

機器學習是基於貝氏理論設計的。馬可夫鏈蒙特卡羅方法和變分貝氏方法（variational Bayesian Methods）的出現也使得貝氏理論更加實用。

15.2.1 貝氏統計獨特的思維方式

接著，想讓讀者明白的是貝氏統計的獨特之處！

機率的概念是獨特的並且不同於其他概念。特別是它與描述性統計和推論性統計有很大不同的思考方式。爲此，那些支持貝氏統計的人被專門稱爲「貝氏主義者」，直到今天他們還與推論統計的支持者發生著激烈的衝突。

那麼差別是什麼呢？首先，讓我們簡單地寫下每個的特點。

- **描述性統計**：以易於理解的方式表達樣本中發現的特徵。
- **推論統計**：分析樣本並對總體做出推論。
- **貝氏統計**：不一定需要樣本。即使數據不足，也要以某種方式推導出機率。

15.2.2 貝氏處理主觀機率

機率有兩種類型：客觀機率和主觀機率。

例如，如果您被問到「骰子擲出 6 的機率是多少？」任何人都可以立即回答。這稱爲客觀機率。無論誰看，答案都是一樣的。

那麼，什麼是主觀機率呢？為了清楚起見，讓我們考慮一個例子。

「火車上坐在你旁邊的上班族（大叔）正在考慮換工作的比例有多大？」

如果您在想：「我無法理解這一點」，那麼您是對的。對於這種情況，每個人都會有不同的答案。

此處，試舉了一個極端的例子，但這只是主觀機率。貝氏機率使用了這種主觀機率。每次獲得新資訊時，機率都會更新。

在此範例中，有兩種可能的結果：「大叔正在考慮換工作」和「大叔沒有考慮換工作」。由於一開始沒有任何訊息，所以 A 先生將兩者都設置為 50%，例如。在貝氏統計中，這稱為事前機率。

現在，假設 A 先生在觀察那位大叔時，A 先生注意到他在火車上一直在看跳槽廣告，所以 A 先生重新考慮一下是 70%。這稱為事後機率，因為它是發現大叔正在看跳槽廣告後設定的機率。

讓 A 先生進一步探討這個想法。這次 A 先生鼓起勇氣問大叔是否考慮換工作。

A 先生：「你想換工作嗎？」

大叔：「我還沒想好。」

如果回答被否定，機率將重設為 10%。既然我們在這裡提出了一個問題，那麼該問題之前的機率就是事前機率，之後的機率就是事後機率。此即為

事前機率：70%　事後機率：10% 。

這樣，在貝氏統計中，一開始就設定了機率，每次收到訊息時，「該點的機率」就會改變。換句話說，即使你目前沒有任何數據，你也可以設定一個機率。一開始決定的機率是主觀的，應該設定為適當的值。

設定事前機率後，我們將獲得一些新的資訊並更新事後機率。然後，當獲得新的資訊時，先前的事後機率就變成了事前機率，並且機率進一步更新。這樣，貝氏統計的想法就具備了學習的能力。

15.2.3 貝氏統計相對於推論統計的優勢

貝氏統計的思考方式與人們的思考方式非常相似。例如，當我們收到新資訊時，我們會修改先前的想法並提出新的想法。這類似於貝氏統計中事前機率和事後機率之間的關係。

推論統計的想法是對現有樣本資料進行集體分析。因此，如果獲得新的樣本數據，分析將重新開始。

舉個極端的例子。

我們花了大量時間分析 1000 萬人的身高數據。但現在我已經獲得了 100 名新人的身高數據，我想將其納入我的分析中。那樣的話，就需要重新分析

1000 萬、100 個人的數據，花費大量的時間。這是極其低效的工作。

另一方面，如果您使用貝氏統計，您可以在新數據可用時，簡單地進行更正。

15.2.4 爲什麼貝氏統計現在受到關注？

貝氏統計基於貝氏定理，該定理自 1700 年代就已存在。那麼爲什麼近年來它突然開始引起人們的注意呢？

說起這個，我們先回顧一下歷史。貝氏統計始於 1700 年代中期，托馬斯・貝葉斯（Thomas Bayes）發表了貝氏定理。然後，在 1800 年代末，人們再次出現，他們提出的想法構成了當前貝氏統計方法的基礎。

然而，費雪等推論統計理論家認爲「處理主觀機率是不科學的」，貝氏統計即受不白之冤而被蒙在鼓裡。

然而，無論它是否科學，貝氏統計都是一個確實有用的研究領域。這一事實逐漸爲人所知，並在 20 世紀 50 年代再次被研究和引起注意。

最近，由於可以有效地應用於「機器學習」和「大數據」領域，它再次流行起來。

15.2.5 機器學習和貝氏統計

機器學習是指電腦從獲得的數據中發現規律並利用它們來預測未來的能力。

這意味著電腦將具有學習能力並變得越來越聰明。這是一個你在電影中看到的未來故事。該技術隨著貝氏統計的發展而日益發展。

機器學習目前正在幫助識別垃圾郵件。我們使用稱爲「貝氏過濾器」的電子郵件過濾器，該過濾器可以成功回應每天變化的各種垃圾郵件。

事前建立垃圾郵件的定義，並根據已分類爲垃圾郵件的電子郵件（或使用

者已移至垃圾郵件資料夾的電子郵件）尋找規則。根據找到的標準，我們檢查新收到的電子郵件。這使我們能夠應對不斷變化的垃圾郵件數量並做出準確的判斷。

15.2.6 大數據和貝氏統計

您熟悉大數據（Big data）這個詞嗎？大數據是指世界上各種數據的集合。這是一個巨大的數據量，因此有「大」這個詞。可能很難想像，所以從以下簡單的例子中或許不難想像「大」這個詞。

Sns 上的推文、監視器的視頻和音頻、電子病歷、在線購買記錄、IC 卡使用訊息、汽車導航、GPS 智能手機、環境氣象數據、列車運行訊息、ETC 等等

大數據分析的主要目的之一是行銷。

在缺乏統一性和普遍性的行銷領域，需要多面向、靈活的應對措施。每個人的生活基礎完全不同，消費是在每個人的行動中產生的。如果你想進行市場調查，你必須分析人們日常不經意做的事情。

在分析這個問題時，通常會說：「人本來具有的特徵，他們是遵循什麼樣的機率分配，我們需要調查多少人才能得到正確的結果？」這似乎是沒有盡頭的討論。

貝氏統計等靈活的分析方法在人們採取某種行動時用事後機率代替事前機率，在分析大數據時非常有用。

15.2.7 機器學習和統計學之間的區別

要理解機器學習，重要的是要了解它與統計學的差異。從字面上看，「機器學習」是機器自動學習的東西，而「統計」是對資料中的規則和模式進行統計判斷的東西。這裡的「統計」是指根據機率來確定某件事是否正確。

然而，在現代即使在統計領域，電腦的使用也已變得司空見慣，並且變得難以劃清界限。有人說統計學和機器學習之間沒有特別的區別，有人說機器學習是統計的應用版本，有人說機器學習是統計減去模型和假設檢定。可以說，兩者的關係很微妙。

統計和機器學習的相似之處在於，它們都涉及從資料中找到規則和模式並建立模型。人們常說，差異不在於數據分析的方法，而在於「目的」。就統計而言，目的是「解釋」數據，而就機器學習而言，目的是「預測」。在統計學中，迴歸模型也可用於預測。然而，就統計學而言，主要目標是能否更準確地解釋資料背後的規則，而就機器學習而言，重點是能否更準確地預測

規則。

　　在統計學中，許多模型都是由一定程度上可以直觀理解的解釋變量組成的，但在機器學習的情況下，還考慮到了不能直觀理解的解釋變量，因此有更高準確度的可能性。這就是爲什麼說機器學習對抗大數據能力很強。

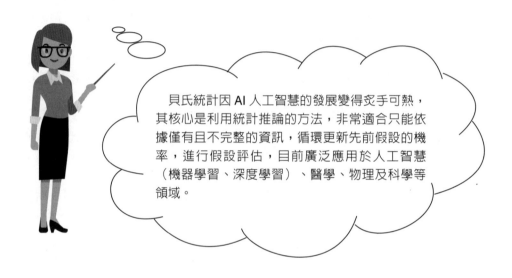

　　貝氏統計因 AI 人工智慧的發展變得炙手可熱，其核心是利用統計推論的方法，非常適合只能依據僅有且不完整的資訊，循環更新先前假設的機率，進行假設評估，目前廣泛應用於人工智慧（機器學習、深度學習）、醫學、物理及科學等領域。

15.3 大數據時代的統計數據分析

長期以來，學習統計學就意味著學習顯著性檢定。許多大學統計課程中仍然學習顯著性檢定，並且經常用於行銷和心理學等領域。然而，最近這種顯著性檢定似乎變得毫無用處。

1.為什麼顯著性檢定不再有用？

顯著性檢定是一種透過否定不存在差異的假設來顯示平均值差異的方法。例如，假設 A 公司想要證明一種新開發的飲食方法具有一定的效果。我們要做的是：(1) 首先，我們會收集經歷過節食方法的人前後的體重數據。(2) 接下來，我們制定一個假設（虛無假設），即兩個時間點使用前後的平均體重沒有差異（換句話說，飲食方法沒有效果）。(3) 然後，透過拒絕這個假設，推翻它沒有效果的假設，我們就可以證明飲食方法有一定的效果。當時，常見的做法是將能夠拒絕假設的值範圍設定為 p 值＜ 5%。由於這是一種統計上罕見的現象，因此「沒有效果」的假設並不成立；換句話說，該飲食方法被判斷為有效，這是顯著性檢定。

長期以來，學習統計學就意味著學習顯著性檢定。許多大學統計課程中仍然教授顯著性檢驗，並且經常用於行銷和心理學等領域。然而，最近這種顯著性檢定變得毫無用處。

這背後有幾個因素，但最明顯的一個是「大數據時代」的到來。當你實際計算時，這一點就變得很明顯，但當資料量變得非常大時，所有顯著性檢定都變得顯著，毫不誇張。如果你收集大量的數據，即使是每月只瘦掉 3 公克的飲食方法也會被認為是有效的。

這個缺點在處理大數據時是致命的。例如我們常做行銷數據分析，便利商店的交易數據（商業數據）有 50 到 6000 萬筆。不可能透過顯著性檢定來分析這一點並找出任何意義。在處理大數據時，顯著性檢定變得完全無用。

大學中也愈來愈多地處理大數據。如果您使用顯著性檢定，大多數結果都將是顯著的。身為論文作者，如果發現顯著差異，論文就成型了，所以顯著性檢定也適用於大數據。結果，統計上顯著但內容毫無意義的論文數量卻在無意中增加。

這種情況對學術界來說絕對沒有好處。因此，我認為貝氏方法優於顯著性檢定。可以說貝氏統計是適合大數據時代的統計。事實上，貝氏統計已經在各種情況下使用和應用，包括在電子郵件服務中安裝垃圾郵件過濾器來識別垃圾郵件。

貝氏統計有兩大優點。一是我們可以直接估計假設是否正確。例如，您可以 (1) 假設如果遵循這種飲食方法，您將在一個月內平均減掉 3 公斤或更

多，然後 (2) 計算該假設正確的機率。與需要做出非自然假設（虛無假設）的顯著性檢定相比，貝氏統計更直接且易於理解。

另一個是，在貝氏統計中，隨著資料量的增加，研究假設正確的機率收斂到 0 或 1，假設變得更加清晰。換句話說，大數據在貝氏統計中發揮積極作用。這是一個非常適合未來的功能。

2.使用貝氏方法時應注意什麼？

顯著性檢定不再起作用的根本原因，我認為是每個人都使用統計學家為了所設定的 p 值＜ 5% 的標準。本來決定參考點的主動權應該由各領域的研究人員掌握，而不是統計學家。

即使「平均可以減掉 3 公斤以上」的研究假設正確的機率為 87%，應該由研究飲食科學的人而不是統計學家來決定這個數字是高還是低。

當然，如果建立 p 值＜ 5% 的標準，同儕審查論文就更容易了。然而，如果這增加了無意義論文的數量，那麼我們就本末倒置了。即使論文數量減少，各領域的專家也應該使用貝氏統計來確定參考點並進行審查。

對於顯著性檢定的另一個問題是，它們往往主要通過記憶來學習，例如「這個檢定應該用於這種類型的數據模式。」這是因為支持顯著性檢定的數學對於文科使用者來說太高級了。另一方面，貝氏統計著眼於資料生成過程並手動創建統計模型以從中提取有用的訊息。不需要複雜的數學。換句話說，從顯著性檢定轉向貝氏統計，統計學將不再是一門死記硬背的學科，學生將能夠深入理解數據是如何產生的，並能夠自己建立模型並進行分析。在這方面，貝氏統計具有理想的教學特徵。

結語

您如何看待貝氏統計？貝氏統計被接受並廣為人知也才不過是 50 年多一點。儘管如此，它正在被應用於各種領域，可以說這是一個快速發展的領域。

儘管貝氏統計的有用性已被認可，但推論統計學家和貝氏學派之間的衝突至今仍在繼續中。不覺莞爾一笑呢！

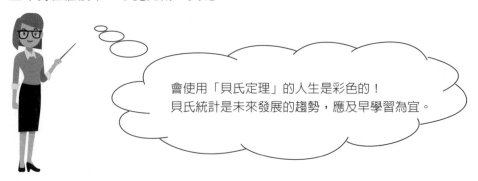

會使用「貝氏定理」的人生是彩色的！
貝氏統計是未來發展的趨勢，應及早學習為宜。

參考文獻

1. 馬場真哉（2019），利用貝氏統計模式的數據分析入門，講談社。
2. Dey. D. K. and Rao. C. R.（2011），貝氏統計手冊，朝倉書店。
3. 南風原朝和（2002），心理學統計的基礎：統合的理解，有斐閣。
4. 南風原朝和（2014），心理學統計的基礎：深入統合的理解，有斐閣。
5. 濱田弘、石田淳、清水裕士（2019），社會科學的貝氏統計模式，講談社。
6. 鎌谷研吾、駒木文保（2020），蒙地卡羅統計計算，講談社。
7. Kruschke.J.K.（2017），貝氏統計模式，共立出版。
8. Lee. M. D. & Wagenmakers. E. J. (2013) Bayesian cognitive modeling:A practical course. Cambridge University Press
9. 松浦健太郎（2016），利用 Stan 與 R 的貝氏統計模式，共立出版。
10. 涌井貞美（2013），圖解・貝氏統計「超」入門，SB Creative 株式会社。
11. 清水優菜 , 山本光（2022），利用 SPSS 學習貝氏統計，東京圖書。
12. 渡部洋（1999），貝氏統計入門，福村出版。
13. 須山淳志（2017），利用貝氏推論的機械學習入門，講談社。
14. 清水優菜、山本光（2020），頻率論統計與貝氏統計，Corona 公司。
15. 繁桝算男（1985），貝氏統計入門，統計大學出版社。
16. 小島寛之（2021），ベイズ統計學入門，鑽石社。
17. 石村貞夫（2016），「超」入門貝氏統計，講談社。
18. 佐佐木淳（2021），貝氏統計學入門，SB Creative 株式会社。
19. Wetzels.R. &.& Wagenmakers. E. J. (2012). A default Bayesian hypothesis test for correlations and partial correlations. Psychonomic Bulletin&Revuew, 19(6), 1057-1064
20. https://to-kei.net/bayes/
21. Running the analysis: IBM Knowledge Center https://www.ibm.com/support/knowledgecenter/en/SSLVMB_25.0.0/statistics_casestudies_project_ddita/spss/tutorials/bayesian_loglinear_analysis.html

國家圖書館出版品預行編目資料

圖解貝氏統計分析／陳耀茂著. －－初
　版.－－臺北市：五南圖書出版股份有限公
　司，2024.03
　面；　公分
　ISBN 978-626-393-141-1（平裝）

1.CST: 貝氏統計

511　　　　　　　　　　113002650

5B1L

圖解貝氏統計分析

作　　　者 ― 陳耀茂（270）

發 行 人 ― 楊榮川

總 經 理 ― 楊士清

總 編 輯 ― 楊秀麗

副總編輯 ― 王正華

責任編輯 ― 張維文

封面設計 ― 封怡彤

出 版 者 ― 五南圖書出版股份有限公司

地　　　址：106台北市大安區和平東路二段339號4樓

電　　　話：(02)2705-5066　　傳　　真：(02)2706-6100

網　　　址：https://www.wunan.com.tw

電子郵件：wunan@wunan.com.tw

劃撥帳號：01068953

戶　　　名：五南圖書出版股份有限公司

法律顧問　林勝安律師

出版日期　2024年3月初版一刷

定　　　價　新臺幣320元

經典永恆・名著常在

五十週年的獻禮──經典名著文庫

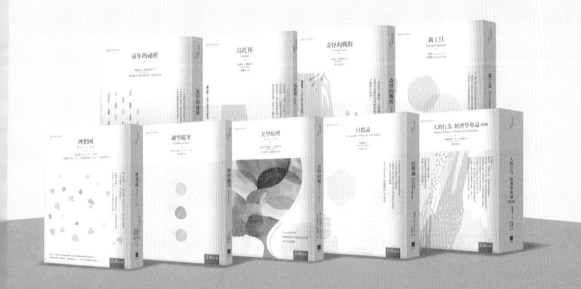

五南，五十年了，半個世紀，人生旅程的一大半，走過來了。
思索著，邁向百年的未來歷程，能為知識界、文化學術界作些什麼？
在速食文化的生態下，有什麼值得讓人雋永品味的？

歷代經典・當今名著，經過時間的洗禮，千錘百鍊，流傳至今，光芒耀人；
不僅使我們能領悟前人的智慧，同時也增深加廣我們思考的深度與視野。
我們決心投入巨資，有計畫的系統梳選，成立「經典名著文庫」，
希望收入古今中外思想性的、充滿睿智與獨見的經典、名著。
這是一項理想性的、永續性的巨大出版工程。
不在意讀者的眾寡，只考慮它的學術價值，力求完整展現先哲思想的軌跡；
為知識界開啟一片智慧之窗，營造一座百花綻放的世界文明公園，
任君遨遊、取菁吸蜜、嘉惠學子！